SUSTENTABILIDADE
GESTÃO ESTRATÉGICA NA **PRÁTICA**

Conheça o MODELO GES e conecte LUCRO com IMPACTOS SOCIOAMBIENTAIS

CHRISTINA BARBOSA | SONIA LOPES

SUSTENTABILIDADE
GESTÃO ESTRATÉGICA NA **PRÁTICA**

Conheça o MODELO GES e conecte LUCRO com IMPACTOS SOCIOAMBIENTAIS

Editor: Sergio Martins de Oliveira
Gerente de Produção Editorial: Marina dos Anjos Martins de Oliveira
Revisão:
Editoração Eletrônica: Abreu's System
Capa: Número 7
Imagens: Victor Maynard
Foto Christina Barbosa: Sol Portes
Foto Sonia Lopes: Danielle Cardoso

Dados Internacionais de Catalogação na Publicação (CIP)
Agência Brasileira do ISBN - Bibliotecária Priscila Pena Machado CRB-7/6971

B238 Barbosa, Christina
Sustentabilidade: gestão estratégica na prática / Christina Barbosa e Sonia Lopes.
— Rio de Janeiro: Brasport, 2018.
232 p.; 17 cm.

Inclui bibliografia.
ISBN 978-85-7452-907-3

1. Gestão estratégica. 2. Administração em empresas. 3. Responsabilidade social da empresa. 4. Gerenciamento de projetos. 5. Desenvolvimento organizacional. I. Lopes, Sonia. II. Título.

CDD: 658.152

BRASPORT Livros e Multimídia Ltda.
Rua Teodoro da Silva, 536 A – Vila Isabel
20560-005 Rio de Janeiro-RJ
Tels. Fax: (21)2568.1415/3497.2162
e-mails: marketing@brasport.com.br
vendas@brasport.com.br
editorial@brasport.com.br
www.brasport.com.br

Filial SP
Av. Paulista, 807 – conj. 915
01311-100 São Paulo-SP

Dedicamos este livro a todos que acreditam
que podem mudar e se dedicam a isso.

Mudar para melhor.

Mudar para se salvar, salvando o planeta.

Agradecimentos

A todos que acreditaram neste projeto e na nossa crença de que um mundo colaborativo, que pensa a longo prazo e compartilha conhecimento, pode ser muito melhor.

Prefácio

Transformação, mudança, inovação e sustentabilidade são palavras que entraram em nossas vidas com uma frequência nunca vista na história da humanidade. Hoje, como nunca, essas palavras não são apenas parte da literatura em geral. São fatos concretos que afetam nossas vidas diariamente. Passaram a fazer parte de nossos modelos comportamentais, atitudes e hábitos de vida.

Christina Barbosa e Sonia Lopes apresentam o tema Gestão Estratégica de Sustentabilidade de forma objetiva e prática, não apenas com conceitos, mas, também, com exemplos e casos que enriquecem o texto, proporcionando ao leitor uma experiência inspiradora.

Elaborado de forma minuciosa, este livro apresenta um modelo de implantação da Gestão Estratégica de Sustentabilidade, recheado com uma metodologia, ferramentas e um conjunto de boas práticas a serem seguidas nesta jornada de ruptura de paradigmas e mudanças organizacionais.

Uma virtude inequívoca desta obra é sua estrutura que instiga o leitor a seguir descobrindo uma narrativa sustentada por estudos e informações de diferentes fontes, que emprestam alta credibilidade ao texto.

Não há dúvida de que o tema desta obra é de alta relevância em tempos de mudanças que afetam a sustentabilidade do planeta e a longevidade de nossa espécie. Somos todos responsáveis por começar hoje a construir a herança das próximas gerações. Estudantes, empresários, executivos e qualquer pessoa que compreenda que a sustentabilidade é o único caminho viável encontrarão aqui uma fonte consistente de reflexão e conhecimento.

Ao ler esta obra tornei-me uma pessoa mais consciente de meu papel no planeta e de minha responsabilidade como ser humano e empresário.

Recomendo esta obra com alta convicção de que o mundo precisa muito refletir sobre esse tema e compreender o caminho para implementar a sustentabilidade como parte da estratégia e da cultura das organizações.

Boa leitura e, sobretudo, muita reflexão!

Vicente Gonçalves
CEO – Human Change Management Institute

Apresentação

Este livro foi escrito a partir de uma longa procura pessoal por como ser feliz no trabalho! Somos *baby-boomers*, geração competitiva e treinada para ser feliz somente depois da aposentadoria. Mas somos também preocupadas com os novos gestores das organizações, pessoas da geração *millennial*, que não vivem sem procurar a própria felicidade!

Baseamo-nos também em nossa vasta experiência em gestão, em organizações de diferentes porte e segmento, em projetos, programas e portfólios, em escritórios de projetos, sem preocupação nenhuma com os aspectos da sustentabilidade. Infelizmente!

Mas, providencialmente, soma-se à nossa visão pessoal e profissional do mundo a drástica identificação de uma exigência urgente do planeta e da sociedade em repensarmos tudo o que fazemos, para que seja possível sobreviver.

As formas como nos relacionamos, produzimos, vendemos, consumimos, enfim, como nos posicionamos em relação aos impactos, positivos ou negativos, sociais e ambientais que se está provocando, afetando também os econômicos, vão determinar a qualidade da vida que teremos em curtíssimo prazo.

A partir dessa nova consciência, mudamos o nosso *mindset* (modelo mental) e sabemos que precisamos fazer o mesmo com outros, substituindo gradativamente a cultura da competição pela de colaboração. Este é um dos nossos propósitos.

O outro é demonstrar que tudo isso pode acontecer de forma descomplicada, leve, ágil, barata, resultando em impactos financeiros positivos, além dos socioambientais. E, por consequência, aumentando a nossa felicidade!

A primeira providência, para reposicionamento estratégico de qualquer organização no caminho de se tornar sustentável, tem relação com a conscientização desses propósitos. O restante da transformação acontecerá naturalmente, afetando todos os *stakeholders*, seus portfólios de projetos e programas, e suas operações.

Desenvolvemos, testamos e ajustamos um Modelo de Gestão Estratégica de Sustentabilidade, que carinhosamente chamamos de GES, e o apresentaremos a seguir, logo depois de tentarmos desmitificar o que é sustentabilidade. Entendemos também que a implantação do Modelo GES deve ser conduzida como um projeto, cuja ideia deve ser vendida internamente, a partir da sensibilização de influenciadores internos – **VENDA INTERNA** (capítulo 4). Este projeto é composto das etapas de **DIAGNÓSTICO** (capítulo 5), seguido de **DESENHO** (capítulo 6), **IMPLANTAÇÃO, MONITORAMENTO e CONTROLE** (capítulo 7), **ENCERRAMENTO** (capítulo 8) e **OPERAÇÃO ASSISTIDA** (capítulo 9).

Acreditamos que a implantação do Modelo GES provocará benefícios tangíveis e consideráveis para a organização. Mas a empreitada precisa ser tratada como uma mudança importante, utilizando técnicas e conceitos que facilitem a transição. Por isso, em cada etapa do Modelo GES, apresentaremos um quadro com processos que são necessários para que o sucesso seja alcançado com o mínimo de esforço e conflito.

Esperamos poder contribuir para a sua sustentabilidade pessoal e a da sua organização. E, logicamente, com a sua felicidade!

As autoras

O que Esperar Deste Livro

Estávamos na fase de edição final deste livro quando tivemos a boa notícia de que os americanos William Nordhaus e Paul Romer foram laureados com o Nobel de Economia de 2018, colocando a **sustentabilidade** nas páginas de economia dos jornais. Para a academia sueca, os dois premiados "ampliaram significativamente o escopo da análise econômica ao construir modelos que explicam como a economia de mercado interage com a natureza e o conhecimento" (O GLOBO, 09 out. 2018, p. 21). Para nós, esses novos conhecimentos significam mais um alinhamento com os conceitos explorados nesta publicação.

Este livro é a apresentação do Modelo GES para auxiliar as organizações a conectar a gestão de sustentabilidade com a estratégia em todos os planos: social, ambiental e econômico. O objetivo principal da obra é prover informações sobre a estruturação do modelo em si e sobre como implantá-lo, lembrando que ele provocará uma mudança importante na cultura da organização e nos conhecimentos novos que deverão ser administrados.

As práticas incluídas no modelo foram escolhidas de acordo com critérios como estruturação, flexibilidade de customização e utilização em organizações. Portanto, elas podem ser simplificadas ou mesmo complementadas para melhor adequação ao porte e ao tipo de negócio da sua organização.

Não se pretende explorar completamente o tema Gestão Estratégica de Sustentabilidade, até porque ele é afetado por um conjunto de disciplinas bastante

Para saber mais...

Acesse o hotsite do livro em <modeloges.byconn.com.br>

Veja também como funciona a plataforma digital.

amplo (gerenciamento de *stakeholders*, de mudanças, de conhecimento, de portfólio, de programas, de projetos e de operações). Cada uma das disciplinas provê conteúdo para um, ou mais, livros. Mas, nesta obra, procurou-se mostrar como a integração entre todas elas com a sustentabilidade torna os resultados de uma organização mais conectados com a geração de impactos sociais, ambientais e/ou econômicos mais equilibrados.

Também existem muitas estruturas para sustentabilidade que podem ser elencadas pelas organizações, mas optou-se pelos Objetivos de Desenvolvimento Sustentável (ODS) por serem de mais fácil compreensão e totalmente alinhados com os aspectos sociais, ambientais e econômicos (*triple bottom line*).

O estudo de caso Rede de Restaurantes ABC, usado como exemplo, foi simplificado para auxiliar estritamente ao entendimento dos conceitos apresentados, de forma descomplicada, e garantindo a visão geral do processo.

Reconhece-se que muitas vezes o leitor gostaria de saber mais sobre um determinado assunto ou tem dúvidas em relação a um conceito. Assim, "caixinhas" com informações complementares são apresentadas na margem externa, conforme demonstrado na Figura 1:

Figura 1 – Caixinhas de apoio à leitura

Sumário

1
Ágil, Tradicional ou Híbrido – O Mundo do Gerenciamento

Você sabia?

O termo ÁGIL é usado como uma referência à leveza, o que move com facilidade, se adapta facilmente em contextos de mudança.

A complexidade do mundo que nos rodeia no século XXI trouxe um novo olhar sobre a forma de abordar os projetos. Mais do que nunca há o senso comum de que cada caso é um caso e é necessário o uso de modelos sob medida.

Em alguns tipos de projetos obtém-se melhor resultado com o gerenciamento em ciclos de vida preditivos (também conhecido como gerenciamento tradicional, em que escopo, tempo e custo são determinados nas fases iniciais do projeto). Projetos em ambientes orientados à mudança geram melhores resultados se forem gerenciados a partir de métodos ágeis, que utilizam ciclo de vida adaptativo. Os modelos híbridos são os que conjugam ciclos de vida preditivos (tradicional) e adaptativos (ágil).

Você sabia?

Os conhecidos métodos ágeis nasceram no ambiente de tecnologia da informação (TI) na busca de uma forma de desenvolver projetos/produtos que tivessem alto grau de incerteza no início.

Ver também: <https://www.culturaagil.com.br/manifesto-agil-como-tudo-comecou/>

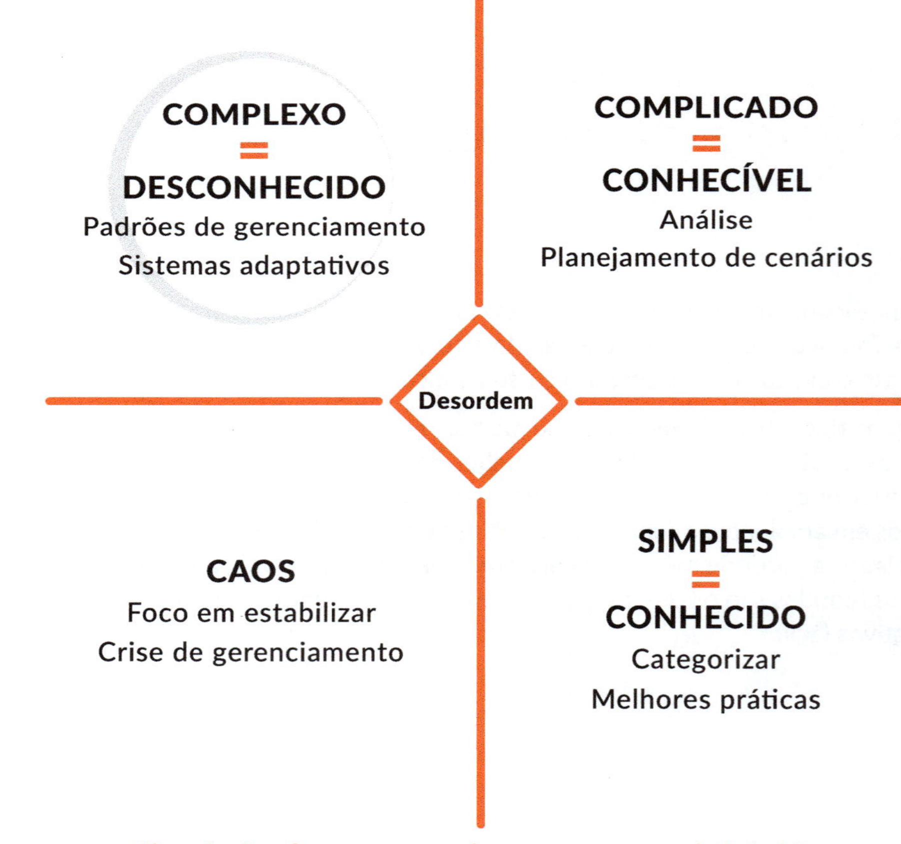

Figura 2 – Cynefin – mapeamento de contextos para tomada de decisão

Em ambientes com menos incerteza e informação mais completa se obtêm melhores resultados com métodos preditivos (conhecidos também por tradicionais ou clássicos) porque nestes métodos normalmente o planejamento é elaborado de forma mais completa e precisa desde o início. Nos ambientes complexos os métodos ágeis são mais recomendados porque nestes ambientes normalmente temos um contexto de mudança e ainda há falta de informação em relação ao produto que será elaborado. De acordo com a solução escolhida, o andamento das tarefas e o tempo necessário para esse projeto deverão ser revistos. Nesses casos, o planejamento do projeto ocorre em ciclos mais curtos. Por outro lado, ambientes complicados são terrenos férteis para o uso de modelos híbridos, dependendo do porte do projeto e da formalidade da organização, já que existe informação para um planejamento de todo o projeto com precisão regular. Porém, para o detalhamento das etapas, bem como para o controle, podem ser usadas práticas ágeis.

Ambientes caóticos são aqueles com incerteza total e, de modo geral, precisam ser estabilizados, definindo-se prioridades e estabelecendo-se uma visão clara sobre aonde será necessário chegar, para que posteriormente seja possível qualquer tipo de gerenciamento.

Para saber mais...

MÉTODOS ÁGEIS

LOPES, S. Métodos ágeis para arquitetos e profissionais criativos. Rio de Janeiro: Brasport, 2015.

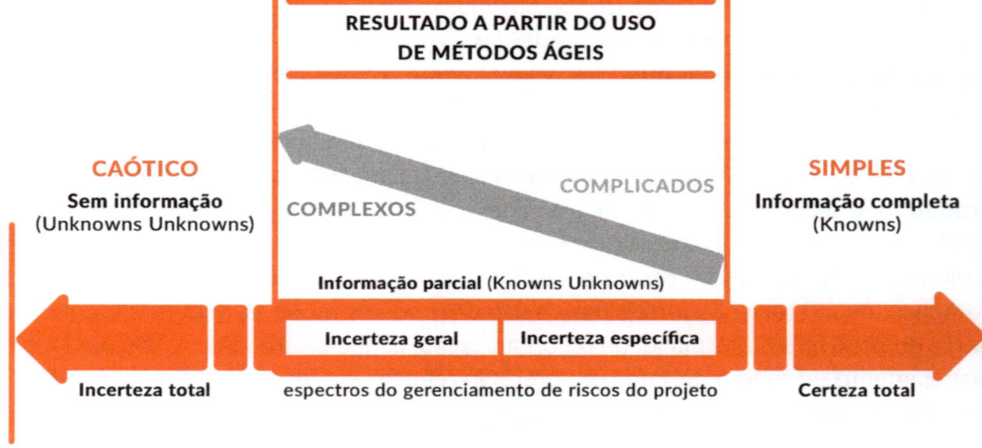

Figura 3 - Considerando a incerteza e a complexidade na escolha do método

Você sabia?

Os princípios *Lean* possuem o foco em:

- Entregar valor.
- Respeitar as pessoas.
- Minimizar os desperdícios.
- Ser transparente.
- Aceitar as mudanças.
- Buscar a melhoria contínua.

Os métodos conhecidos como ágeis possuem princípios e valores comuns (ver Figura 4) e tiveram origem e ampla divulgação no mundo dos softwares, embora se possa afirmar que as raízes mais antigas estão no *Lean Thinking* (pensamento enxuto) desenvolvido a partir do sistema Toyota de Produção.

Figura 4 – *Mindset*, valores, princípios e práticas ágeis.
Fonte: desenvolvida com base em PMI (2017)

Para saber mais...

<http://www.manifestoagil.com.br/>
<http://www.manifestoagil.com.br/principios.html>

Os valores, definidos no manifesto ágil elaborado em 2000, são:

- indivíduos e interações acima de processos e ferramentas;
- software operacional (ou produto funcionando) acima de documentação completa;
- clientes em colaboração acima de negociação contratual;
- respostas às mudanças acima de seguir um plano.

Os quatro valores básicos são desdobrados em 12 princípios. São eles:

- satisfação do cliente a partir de entrega de valor;
- aceitação das mudanças;
- entregas frequentes;

Você sabia?

Modelo para estabelecer a VISÃO DO PRODUTO:
Para (cliente-alvo) **que** (problema ou oportunidade) **o** (nome do produto) **é um** (categoria do produto) que (benefício-chave, razão convincente para utilizar).
Ao contrário de (alternativa primária competidora), **nosso produto** (definição primária).

Como em:
Para turistas usuários de *smartphone*, **que** desejam aproveitar melhor seus locais de destino, **o** *MyTrip* **é um** aplicativo móvel de viagens **que** sugere roteiros diários flexíveis de acordo com o seu perfil.
Ao contrário de guias de viagens com roteiros pre-definidos, **nosso produto** elabora trajetos personalizados e adaptáveis. (SABBAGH, s.d.)

- trabalho conjunto de técnicos e pessoas de negócios;
- indivíduos motivados: confie e apoie;
- conversas face a face;
- produto pronto que agregue valor;
- envolvimento da equipe que permita a produtividade contínua, sem picos que possam exaurir o time;
- atenção contínua à excelência técnica e à qualidade;
- manutenção da simplicidade;
- equipes auto-organizadas;
- em intervalos regulares, a equipe deve dedicar esforços a refletir e ajustar o modelo usado.

Entre as práticas encontram-se métodos, ferramentas, técnicas e *frameworks*, e os mais conhecidos são *Kanban*, *Scrum*, *ScrumBan*, inclusive pelo fato dessas práticas/métodos serem facilmente adaptadas ao uso comum, fora do universo de tecnologia da informação (TI), onde nasceram os métodos ágeis.

Para implementar o ágil é necessário estabelecer um novo modelo mental com base em abordagem, valores e princípios ágeis. Para isso, o time (em estruturas tradicionais: o gerente do projeto e a equipe) deve definir em conjunto o propósito do projeto e criar uma coalizão em direção aos objetivos a serem atingidos. O líder deve encorajar a equipe a criar um ambiente em que todos colaborem com o projeto. Nesse contexto, o processo não precisa ser perfeito, mas deve ser revisto e melhorado continuamente (PMI, 2017, p. 33).

Um projeto desenvolvido com auxílio de métodos ágeis deve começar estabelecendo em equipe:

- visão do produto;
- benefícios (quem será beneficiado e como);
- critério de aceitação para cada entrega (*release*);
- fluxo pretendido para o trabalho (*roadmap*).

Em projetos cuja opção é o uso de métodos clássicos para o seu gerenciamento, não se prevê a definição dos elementos anteriores em conjunto, na maioria das vezes. Isso acontece principalmente porque em alguns projetos a equipe é muito grande. É importante lembrar que as equipes de ágil, dependendo do método a ser seguido, têm em média 12 pessoas.

Em métodos ágeis, o engajamento dos membros da equipe e do cliente é uma premissa.

Para a implantação do Modelo de Gestão Estratégica de Sustentabilidade (GES) optou-se por usar o *mindset* ágil, sempre que possível. Isto é, em termos práticos, priorizam-se modelos ágeis ou híbridos para o gerenciamento e a escolha é feita a partir da necessidade e/ou do porte do cliente. Mesmo em clientes de grande porte e muito estruturados, há possibilidade de incluir algumas ferramentas e práticas ágeis. Essa escolha deu-se principalmente porque o Modelo GES deve ser customizado para cada caso e as informações da organização surgem ao longo do processo. Muitas vezes será necessário rever o planejamento, dessa forma propomos que a organização geral da implantação se dê em *sprints* (ciclos de trabalho) que deverão ser dimensionados em função da complexidade e maturidade da organização. Em métodos ágeis parte-se de uma visão macro do que se pretende desenvolver e elabora-se um *roadmap*; a partir daí o trabalho é detalhado e adaptado em cada ciclo de trabalho.

2 Sustentabilidade

Em qualquer segmento de negócio, uma organização existe para gerar valor. Ele deve estar muito claro para todos os *stakeholders*, pois é o responsável pela longevidade de sua organização e base para definição de toda a estratégia a ser adotada. O valor é diretamente influenciado pelos impactos positivos e negativos (riscos e oportunidades) que a organização produz com suas atividades, produtos e serviços, nos ambientes interno e externo a ela. Os impactos podem afetar outros capitais que não o econômico/financeiro e, por isso, devem ser mapeados no gerenciamento de riscos, associados aos processos de governança.

Neste contexto, a sustentabilidade contribui fortemente, e de forma imprescindível, para que a sua organização continue existindo em um mundo cheio de incertezas.

Mas, antes de qualquer coisa, é necessário entender que SER SUSTENTÁVEL NÃO É SIMPLESMENTE:

- Plantar árvores... e, muito menos, abraçá-las. Isso é amar a natureza.
- Apagar as luzes todas as vezes que você sai de um ambiente. Isso é fazer economia de energia.
- Fechar a torneira, a cada vez que se escovam os dentes ou se toma banho sem estar usando a água corrente. Isso é fazer economia de água.

Conceito:

VALOR (MICHAELIS):

- qualidade pela qual se calcula o merecimento de algo ou alguém;
- importância de alguma coisa determinada previamente, de modo arbitrário;
- conjunto de qualidades excepcionais que atraem respeito e consideração dos outros;
- conjunto de princípios que representam o ideal de perfeição que deve ser buscado pelo homem.

Quando falamos em criar valor para uma organização estamos falando em:

- importância;
- percepção;
- sustentabilidade.

Conceito:

CAPITAIS – Ver Figura 7.

- Separar lixo, sem considerá-los resíduos que podem ser insumos importantes em uma cadeia produtiva e, muito menos, sem conhecer se a sua destinação será correta. Isso pode ser somente um trabalho inútil.

Sustentabilidade é muito mais do que isso. Todos esses exemplos podem contribuir para que você ou sua organização se torne sustentável, mas não necessariamente isso vai acontecer somente com ações isoladas. É necessário ter conhecimento estruturado dos reais impactos sociais, ambientais e/ou econômicos, positivos e negativos, criados.

Os dicionários costumam definir sustentabilidade como a característica ou condição do que é sustentável. Resumindo os inúmeros significados para o verbo sustentar e aplicando-os para o mundo corporativo, pode-se reconhecer que tornar uma organização sustentável quer dizer:

- evitar sua queda, manter o seu equilíbrio, ajudá-la a lutar, resistir, aguentar e se proteger de incertezas, impedir sua ruína e mantê-la firme;
- garantir e fornecer os meios necessários à sua sobrevivência, seu fortalecimento, sua conservação, continuação ou manutenção, por um tempo maior do que o normal.

Ou seja, tornar uma organização sustentável é contribuir para sua perenização!

Hummmm, lindo! Romântico, até. Mas como isso é possível?

- Um único adulto gerando renda em uma família ou todos conseguindo contribuir financeiramente para sua manutenção?

- Um alimento atravessando quilômetros para suprir a fome de pessoas ou essas mesmas pessoas produzindo/obtendo seu próprio alimento localmente?
- Mulheres sem ou com as mesmas oportunidades, direitos e deveres que os homens?
- Uma organização comprando matéria-prima importante para a sua cadeia de produção ou reutilizando resíduos resultantes de seus produtos?
- Um país com taxa de educação muito alta e outro com baixa, influenciando o seu desenvolvimento?
- ...

Você sabia?

De acordo com o World Bank, 49,56% da população mundial no final de 2016 era de mulheres.

Equivocadamente, o assunto sustentabilidade tem sido abordado, na maior parte das vezes e nos últimos anos, com relação somente aos impactos ambientais, mais fortemente às mudanças climáticas, decorrentes da emissão de Gases de Efeito Estufa (GEE). Na verdade, os impactos ambientais negativos são os efeitos mais visíveis ao ser humano de suas ações irresponsáveis, pessoais ou profissionais, em relação ao planeta, que culminam no aquecimento global.

Algumas leis, no Brasil e no mundo, foram estabelecidas com o objetivo de melhorar esse cenário a partir da regulamentação ambiental. A maioria das organizações ainda não consegue "tangibilizar" os impactos ambientais que produzem e o seu efeito no valor agregado real. Elas só reconhecem as ações relacionadas a regulamentações como custo extra, que acaba afetando negativamente o lucro. Em alguns casos, o marketing verde poderia também ser um benefício identificado com essas ações, já que melhoraria a imagem da organização para o mundo. Mas sem rastreabilidade e

Conceito:

Green washing: em inglês *green*, verde - a cor do movimento ambientalista - e *washing*, o ato de lavar ou encobrir. Em português, lavagem verde indica a injustificada apropriação de benefícios ambientais por organizações ou pessoas. A partir da "maquiagem" de produtos e serviços para apresentar características ecoeficientes, ambientalmente corretas, provenientes de processos sustentáveis, etc., ações de marketing criam uma imagem positiva falsa para organizações e pessoas.

Conceito:

MATERIALIDADE - ver item 5.2.2 - Identificação de materialidade.

transparência nas ações executadas e nos resultados alcançados, o marketing verde acaba produzindo o efeito inverso, negativo, sendo considerado *green washing*.

Na verdade, não há como tratar a sustentabilidade sem equilibrar os aspectos sociais, ambientais e econômicos (*triple bottom line*). Alguns serão mais relevantes do que outros para determinadas organizações, mas esse entendimento a partir da definição da materialidade ficará bem claro (ver Figura 5).

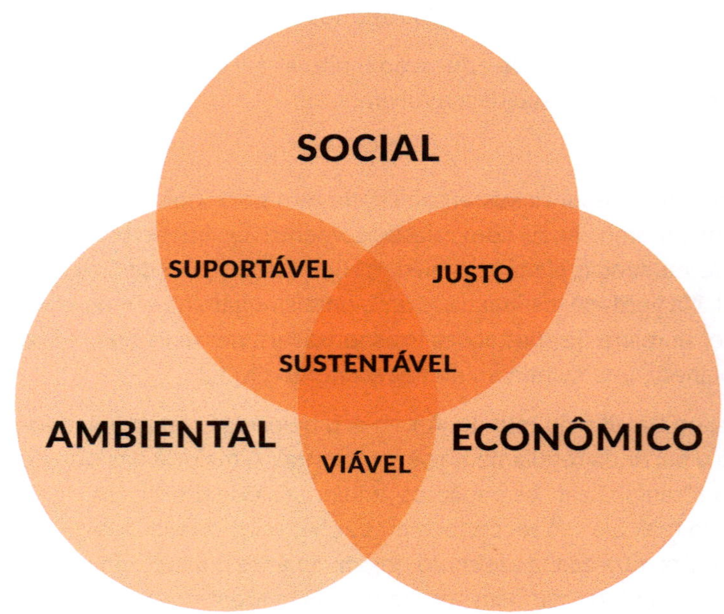

Figura 5 - Três pilares da sustentabilidade (*triple bottom line*)

A sustentabilidade é tão importante que tem sido tratada globalmente desde a elaboração do Protocolo de Quioto, elaborado em 1997. Para citar somente as iniciativas mais recentes, na Conferência das Partes da Convenção das Nações Unidas sobre a Mudança Climática de 2015 - COP21, em Paris, foram lançados 17 Objetivos de Desenvolvimento Sustentável (ODS) pela ONU, com 169 metas (ONUBR, s.d.) e 232 indicadores (UNITED NATIONS, s.d.), definidos para 195 países em 2030.

Figura 6 – Objetivos de Desenvolvimento Sustentável (ODS)

NA COP21, as metas assumidas pelo Brasil foram:

- cortar as emissões de gases de efeito estufa em 37% até 2025 e em 43% até 2030 (com base nos resultados de 2005);

Atenção:

Principles of Responsible Investment (PRI):

1. Incorporaremos os temas ambiental, social e de governança (ESG - *environmental, social and corporate governance*) às análises de investimento e aos processos de tomada de decisão.
2. Seremos proativos e incorporaremos os temas ESG às nossas políticas e práticas de propriedade de ativos.
3. Buscaremos sempre fazer com que as entidades nas quais investimos divulguem suas ações relacionadas aos temas ESG.
4. Promoveremos a aceitação e implementação dos princípios dentro do setor do investimento.
5. Trabalharemos unidos para ampliar a eficácia na implementação dos princípios.
6. Cada um de nós divulgará relatórios sobre atividades e progresso da implementação dos princípios.

Para saber mais...

Relatório *Emissions Gap Report* <https://wedocs.unep.org/bitstream/handle/20.500.11822/22070/EGR_2017.pdf>

- aumentar a participação na sua matriz energética de bioenergia sustentável para 18% até 2030;
- restaurar e reflorestar 12 milhões de hectares de florestas;
- zerar o desmatamento ilegal da Amazônia.

Em 2016, na COP22, foram realizadas negociações técnicas para a regulamentação e concretização dessas metas, para a cooperação internacional e entre os setores público e privado.

Apesar da relevância dos acordos anteriores, em 31 de outubro de 2017, a ONU Meio Ambiente divulgou o *Emissions Gap Report* (UNEP, 2017), demonstrando que não será possível evitar os piores impactos das mudanças climáticas até 2030, mesmo cumprindo todos os compromissos assumidos até aquele momento. Assim, o holofote da COP23, realizada em Bonn, em novembro de 2017, focou nas medidas urgentes que os países têm que implantar para que o acordo da COP 21 possa entrar em vigor em 2020. A principal meta do encontro foi continuar controlando as emissões de gases de efeito estufa para limitar o aquecimento máximo do planeta a uma temperatura média de 2°C, nos termos fixados em 2015, apesar de novas previsões já determinarem que o mais provável é que ela chegue a 3°C em 2030.

A questão principal envolvendo o problema ambiental é que não é possível tratá-lo isoladamente, sem considerar seus aspectos sociais e econômicos.

Entidades nacionais e internacionais estão tratando a sustentabilidade, algumas de forma isolada e outras já integradas, buscando parcerias e colaboração. Elas têm promovido acordos, políticas, pesquisas, projetos, eventos, cursos, certificações, etc. Como exemplos, podem-se citar:

- a Organização das Nações Unidas (ONU), formada por países reunidos para trabalhar por paz e desenvolvimento mundiais, é a grande articuladora global, atuando com governos e várias outras entidades;
- o governo brasileiro, apesar de ainda ter muito a evoluir, tem formado grupos de trabalho para tratar o assunto sustentabilidade, como, por exemplo, a Comissão Nacional para os Objetivos de Desenvolvimento Sustentáveis, a Frente Parlamentar Mista dos Objetivos de Desenvolvimento Sustentáveis, o Grupo de Trabalho da Sociedade Civil para a Agenda 2030 do Desenvolvimento Sustentável, etc.;
- no mercado financeiro internacional, iniciativas procuram estimular e regular o uso responsável de investimentos para prover retornos e melhor gerenciar riscos sem operar somente em seu próprio benefício. Uma delas é o *Principles of Responsible Investment* (PRI), que trabalha em conjunto com sua rede internacional de signatários para colocar em prática seis princípios para o Investimento Responsável. Abordando suas implicações sobre temas ambientais, sociais e de governança, oferece suporte para os signatários na integração desses temas com suas decisões de investimento e propriedade de ativos. Os PRIs contam com mais de 1.400 signatários em mais de 50 países, representando mais de US$ 59 trilhões em ativos;
- no mercado financeiro brasileiro, entidades tentam mudar a lógica do mercado incorporando a agenda socioambiental às políticas, práticas

e estratégias das empresas, se mobilizando também em direção ao desenvolvimento sustentável de forma integrada, como, por exemplo, a Federação Brasileira de Bancos (Febraban), BM&FBOVESPA, a Comissão de Valores Imobiliários (CVM), a Associação Brasileira de Desenvolvimento (ABDE), etc. Entre as inciativas de 2017, pode-se citar a criação do Laboratório de Inovação Financeira, cuja atuação é intersetorial e com participação de instituições financeiras de desenvolvimento, intermediários financeiros privados, investidores, especialistas, reguladores e representantes de setores-chave da economia brasileira e cujo objetivo principal é "fomentar o debate e a criação de ferramentas financeiras que permitam o avanço do desenvolvimento sustentável no país" (FEBRABAN, 2017);

- entidades brasileiras ligadas à indústria e ao comércio como o Conselho Nacional de Indústrias (CNI), as Federações Estaduais de Indústria, o Sistema S – Sebrae, Senai, Sesc, Sesi, etc. – também participam desse movimento, estimulando redução de impactos socioambientais negativos em suas redes;
- muitas Organizações Não Governamentais (ONGs) internacionais já têm braços no Brasil, compartilhando experiências e conhecimento em prol da implementação global da sustentabilidade, como o *World Business Council for Sustainable Development* (WBCS), o *Global Report Initiative* (GRI), o *International Integrated Reporting Council* (IIRC), o *World Green Building Council* (WGBC), etc.;
- certificações, como *BCorp*, Selo Procel, Rotulagem Ambiental (ABNT), IBD Orgânico, *Forest Stewardship Council* (FSC), *Leadership in Energy*

and Environmental Design (*Leed*), etc., tentam regular menores impactos socioambientais na produção de bens e serviços.

Além dos ODSs, muitas estruturas têm sido desenvolvidas para auxiliar o entendimento e a aplicação de ações para implementar a sustentabilidade. Na medida em que o assunto é relativamente novo e fruto de muitos estudos, não é difícil encontrar novidades frequentemente. Observar alguns exemplos de estruturas de sustentabilidade que podem servir de base na escolha do que será utilizado pela sua organização é útil para a definição dos aspectos socioambientais e econômicos relevantes, para definição e acompanhamento de ações para tratá-los, e também para a divulgação de resultados:

- o Sistema B (*BCorp*) defende uma economia onde o êxito é medido pelo bem-estar das pessoas, das sociedades e da natureza, em que é possível equilibrar impactos econômicos, sociais e ambientais com o compromisso de melhoria constante, legal e de longo prazo. A estrutura baseia-se em aspectos relativos à governança, aos trabalhadores, à comunidade e ao meio ambiente;
- o *Global Report Initiative* (GRI) ajuda empresas e governos a entender e comunicar seu impacto em questões críticas de sustentabilidade, estimulando ações reais para criar benefícios sociais, ambientais e econômicos para todos. Os padrões de Relatórios de Sustentabilidade do GRI são desenvolvidos como contribuições voluntárias. A estrutura do GRI é baseada nas categorias econômica, social e ambiental, com as respectivas subcategorias e aspectos, conforme apresentado no Quadro 1:

CATEGORIAS E ASPECTOS DAS DIRETRIZES		
CATEGORIAS	ECONÔMICA	AMBIENTAL
Aspectos	Desempenho econômico Presença no mercado Impactos econômicos indiretos Práticas de compra	Materiais Energia Biodiversidade Emissões Efluentes e resíduos Produtos e serviços Conformidade Transportes Geral Avaliação ambiental de fornecedores Mecanismos de queixas e reclamações relacionadas a impactos ambientais

CATEGORIA SOCIAL				
SUBCATEGORIAS	PRÁTICAS TRABALHISTAS E TRABALHO DECENTE	DIREITOS HUMANOS	SOCIEDADE	RESPONSABILIDADE PELO PRODUTO
Aspectos	Emprego Relações trabalhistas Saúde e segurança no trabalho Treinamento e educação Diversidade e igualdade de oportunidades Igualdade de remuneração entre homens e mulheres Avaliação de forncedores em práticas trabalhistas Mecanismos de queixas e reclamações relacionadas a práticas trabalhistas	Investimento Não discriminação Liberdade de associação e negociação coletiva Trabalho infantil Trabalho forçado ou análogo ao escravo Práticas de segurança Direitos indígenas Avaliação Avaliação de fornecedores em direitos humanos Mecanismos de queixas e reclamações relacionadas a direitos humanos	Comunidades locais Combate à corrupção Políticas públicas Concorrência desleal Conformidade Avaliação de fornecedores em impactos na sociedade Mecanismos de queixas e reclamações relacionadas a impactos na sociedade	Saúde e segurança do cliente Rotulagem de produtos e serviços Comunicações de marketing Privacidade do cliente Conformidade

Quadro 1 – *Global Report Initiative* (GRI) – Categorias e subcategorias

- o *International Integrated Reporting Council* (IIRC) é uma coalizão global de reguladores, investidores, empresas, setores padrão, profissão contábil e ONGs para alinhamento de alocação de capital e comportamento corporativo a metas mais amplas de desenvolvimento sustentável e estabilidade financeira. Sua estrutura proposta é baseada em capitais humano, intelectual, social e de relacionamento, natural, financeiro e manufaturado, como explicado na Figura 7:

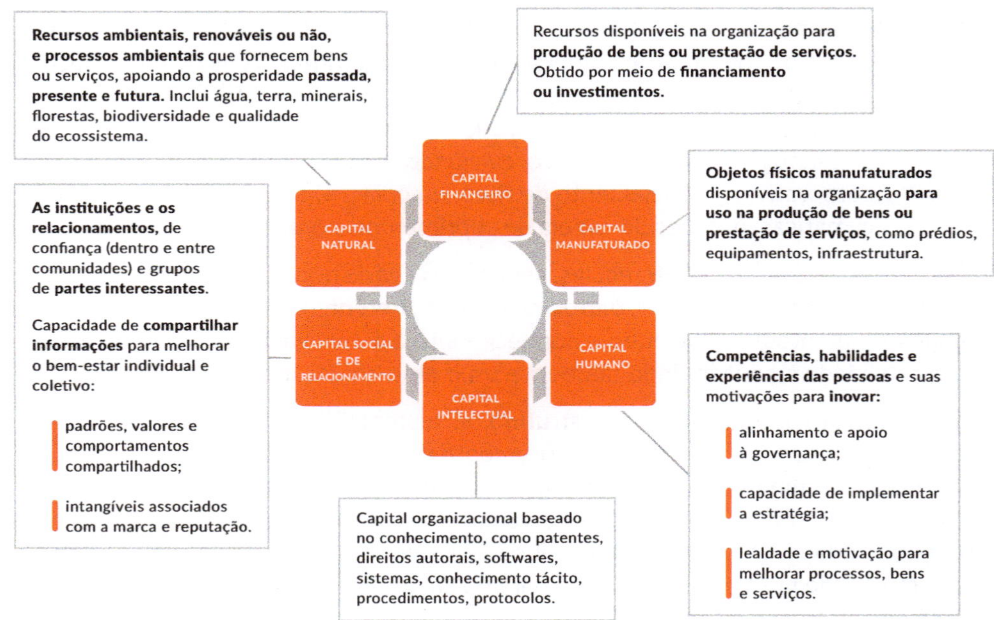

Figura 7 - *International Integrated Reporting Council* (IIRC) - Capitais

Para saber mais...

Procure conhecer as redes que estão promovendo conhecimento sobre sustentabilidade e são relacionadas ao seu negócio. Conecte-se com elas e participe de eventos.

- o Índice de Sustentabilidade Empresarial (ISE) é uma estrutura para análise comparativa de desempenho de organizações listadas na BM&FBOVESPA, com base em eficiência econômica, equilíbrio ambiental, justiça social e governança corporativa. A estrutura é baseada nas categorias Geral, Natureza do Produto, Governança Corporativa, Econômico-financeira, Social, Ambiental e Mudanças Climáticas;
- o *Dow Jones Sustainability Index* (DJSI) analisa as práticas adotadas pelas organizações que têm ações na bolsa de valores de Nova York, identificando seus resultados e classificando-as como sustentáveis ou não. Assim os compradores saberão se estão adquirindo ações de organizações com responsabilidade ambiental e social e quais as vantagens de adquiri-las. O DJSI baseia-se em uma análise do desempenho econômico, ambiental e social corporativo, avaliando questões sobre governança corporativa, gerenciamento de risco, *branding*, mitigação de mudanças climáticas, padrões de cadeia de suprimentos e práticas trabalhistas.

Eventos gratuitos, como conferências, seminários, workshops e *webinars*, têm sido realizados com frequência, patrocinados por diferentes entidades dos mais variados segmentos, estimulando o conhecimento e a divulgação dos conceitos de sustentabilidade e contribuindo também para o alcance das metas globais.

Sua organização pode adotar uma estrutura de sustentabilidade baseada em um ou mais direcionadores descritos anteriormente (Sistema B, ODSs, GRI, IIRC, ISE, DJSI, etc.). A escolha se dará em função do ambiente em que seu negócio opera e a forma como sua organização quer divulgar suas informações relacionadas à sustentabilidade. O Quadro 2 pode ajudá-lo a selecionar a estrutura de sustentabilidade mais adequada tanto para o seu gerenciamento como para a emissão de relatórios de resultados.

ESTRUTURAS DE SUSTENTABILIDADE	CRITÉRIO DE ESCOLHA
OBJETIVOS DE DESENVOLVIMENTO SUSTENTÁVEL (ODS)	Organizações que usam ou pretendem usar qualquer outra estrutura e podem associá-la aos **ODS**
GLOBAL REPORT INITIATIVE (GRI)	Organizações que fazem ou pretendem fazer relatórios de sustentabilidade usando a estrutura **GRI**
RELATÓRIO INTEGRADO (IR)	Organizações que fazem ou pretendem fazer relatórios integrando contabilidade e a sustentabilidade no formato do **Relato Integrado**
SISTEMA B	Organizações que já têm ou que pretendem ter **Certificação B**
ÍNDICE DE SUSTENTABILIDADE EMPRESARIAL (ISE)	Empresas listadas ou que pretendem ser listadas na **BM&FBOVESPA**
DOW JONES SUSTAINABILITY INDEX (DJSI)	Empresas listadas ou que pretendem ser listadas na **Bolsa de Nova York**

Quadro 2 – Critérios para escolha de estrutura de sustentabilidade

Você pode estar se perguntando: "mas o que eu e minha organização temos a ver com tudo isso?".

A resposta é: as organizações são responsáveis pela maior parte das causas dos eventos geradores das mudanças climáticas! Além disso, com o avanço do neoliberalismo após a Segunda Guerra Mundial, os governos passaram a transferir as responsabilidades sociais para as organizações privadas. Consequentemente, os governos só alcançarão suas metas através de ações implementadas pelas organizações, a partir de novos modelos de negócios e de gestão. E, como já se sabe, as organizações só alcançam resultados a partir das atitudes dos indivíduos (acionistas, sócios, colaboradores, fornecedores, reguladores e até clientes).

Novos princípios passam a regular o mundo dos negócios, como:

- a harmonização entre os interesses econômicos, sociais e ambientais garantem a criação de valor sustentável para o negócio;
- não se pode mais pensar somente em curto e médio prazo, pois é pensar em longo prazo que permite transformar ativos vulneráveis em resistentes;
- a noção de responsabilidade, intra e intergeracional, induz à escolha de opções mais longevas;
- a abordagem sobre o que deve ser local, regional e global determinará escolhas relacionadas a fornecedores, logística, comunicação, etc.;
- consumir a receita e não o capital proporcionará continuidade;
- transparência e prestação de contas (*accountability*) possibilitarão parcerias, investimentos e engajamento mais efetivos;
- valores pessoais e ética passam a ter peso na escolha de ações, equipes, fornecedores, clientes, etc.

E como a responsabilidade pela integração de sustentabilidade recai sobre todos seus *stakeholders*, todos têm que mudar!

3
Modelo GES

Conceito:

MODELO – Conjunto de boas práticas definido para nortear determinado grupo de atividades. É base para desenvolvimento de metodologias.

METODOLOGIA – Conjunto de processos, modelos de documentos, ferramentas, automatizadas ou não, responsabilidades, etc. definido para nortear determinado grupo de atividades.

Fazendo um paralelo com o conceito de Governança Corporativa (IBGC, s.d.), pode-se definir Gestão Estratégica de Sustentabilidade como um sistema pelo qual as organizações são dirigidas, gerenciadas e incentivadas, envolvendo os relacionamentos entre todos os *stakeholders* (sócios, conselhos de administração, diretorias, órgãos de fiscalização, de controle, etc.). As boas práticas de Gestão Estratégica de Sustentabilidade determinam recomendações objetivas para preservar e maximizar o valor de longo prazo da organização, facilitar seu acesso a recursos e contribuir para a qualidade da gestão, sua longevidade e o bem comum, equilibrando impactos econômicos, sociais e ambientais.

Um bom modelo de Gestão Estratégica de Sustentabilidade deve ter como objetivo dar excelência à tomada de decisão, ao gerenciamento dos riscos, ao aumento da transparência e, consequentemente, à relação com investidores e acionistas, de forma supervisionada, controlada e integrada.

Os maiores desafios para a implantação de qualquer modelo de Gestão Estratégica de Sustentabilidade em uma organização são:

- entender a amplitude da mudança para a organização e elaborar um *business plan*;

- obter um padrinho (*sponsor*) com poder e influência para comprometer diferentes níveis hierárquicos;
- envolver *stakeholders* internos, de diferentes áreas, e externos, de diferentes organizações, entidades e comunidades;
- selecionar as estruturas de sustentabilidade que serão usadas para articulação do pensamento sobre impactos socioambientais positivos, além do econômico, criando uma nova cultura, baseada em estratégias sustentáveis;
- escolher a estrutura organizacional mais adequada para cuidar da gestão de sustentabilidade (por exemplo, Escritório de Gestão Estratégica de Sustentabilidade – EGES) e definir suas responsabilidades;
- nivelar linguagem e conceitos sobre sustentabilidade;
- definir metodologia comum e adequada, para planejamento, execução, monitoramento, controle e reporte de resultados de sustentabilidade. Seu objetivo deve ser de proporcionar padronização, concisão e comparabilidade de resultados, rastreáveis e transparentes.

O Modelo de Gestão Estratégica de Sustentabilidade (GES), aqui proposto, é um conjunto de boas práticas para auxiliar qualquer organização no seu caminho de evolução para aumentar sua maturidade em sustentabilidade. Sem complicação e seguindo o roteiro, apresentado na Figura 8 e na Figura 9, a organização estrutura e implementa o seu caminho de acordo com as suas necessidades específicas.

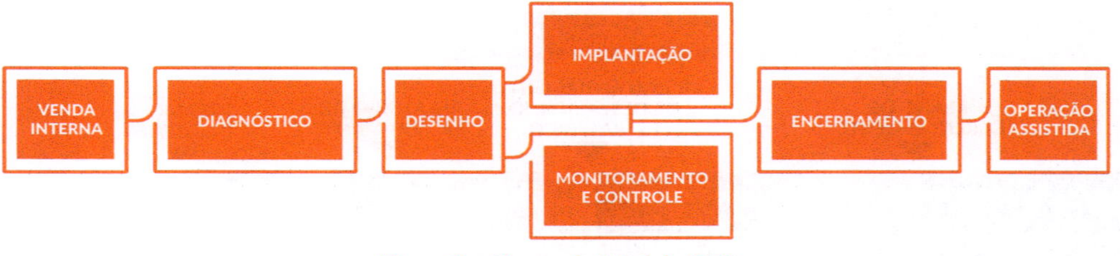

Figura 8 – Etapas do Modelo GES

Atenção:

Este desenho esquemático o acompanhará durante a leitura deste livro, sempre no início de cada etapa com a marcação do ponto do processo em que você está.

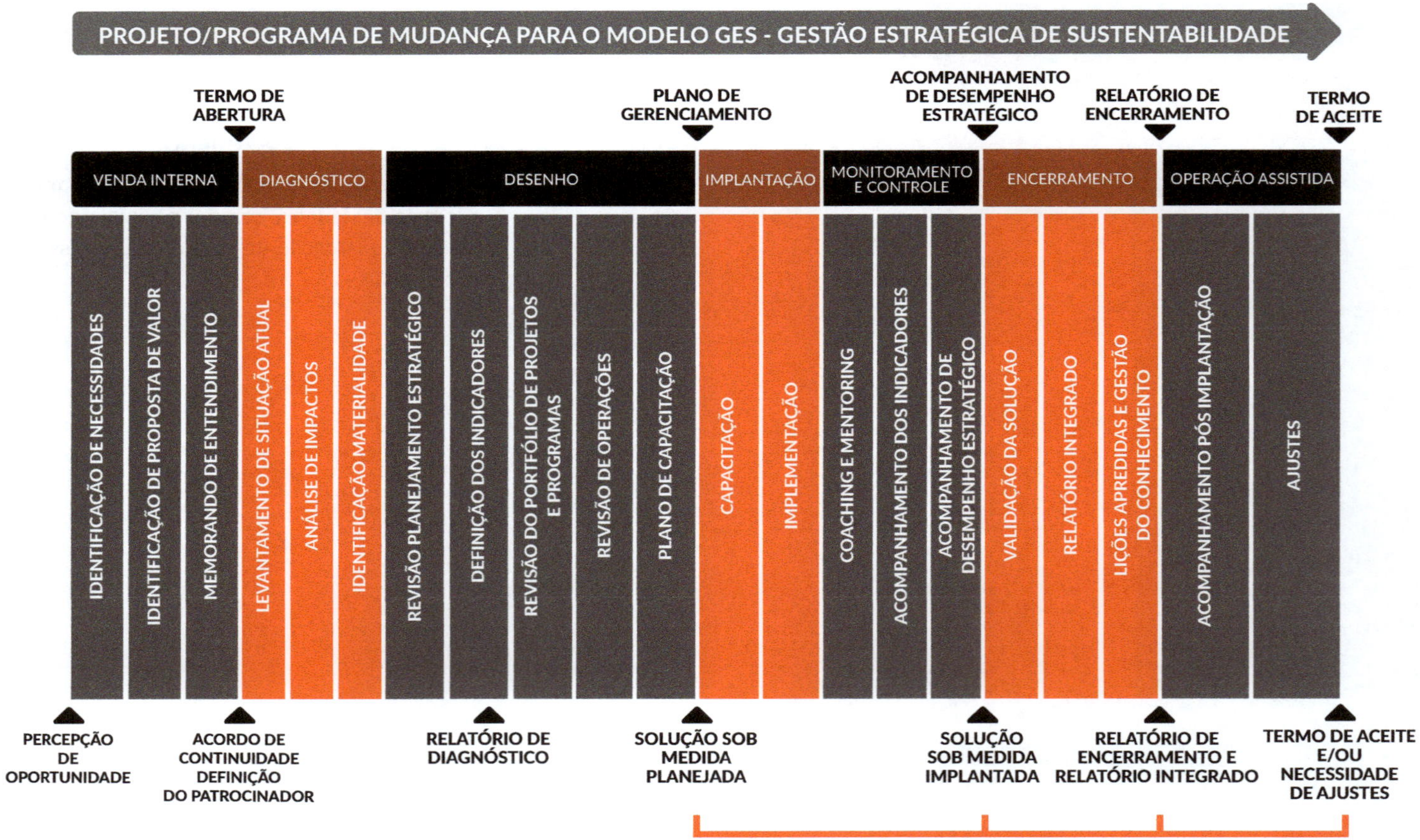

PROJETO/PROGRAMA DE MUDANÇA PARA O MODELO GES - GESTÃO ESTRATÉGICA DE SUSTENTABILIDADE

TERMO DE ABERTURA
PLANO DE GERENCIAMENTO
ACOMPANHAMENTO DE DESEMPENHO ESTRATÉGICO
RELATÓRIO DE ENCERRAMENTO
TERMO DE ACEITE

VENDA INTERNA
- IDENTIFICAÇÃO DE NECESSIDADES
- IDENTIFICAÇÃO DE PROPOSTA DE VALOR
- MEMORANDO DE ENTENDIMENTO

DIAGNÓSTICO
- LEVANTAMENTO DE SITUAÇÃO ATUAL
- ANÁLISE DE IMPACTOS
- IDENTIFICAÇÃO MATERIALIDADE

DESENHO
- REVISÃO PLANEJAMENTO ESTRATÉGICO
- DEFINIÇÃO DOS INDICADORES
- REVISÃO DO PORTFÓLIO DE PROJETOS E PROGRAMAS
- REVISÃO DE OPERAÇÕES
- PLANO DE CAPACITAÇÃO

IMPLANTAÇÃO
- CAPACITAÇÃO
- IMPLEMENTAÇÃO

MONITORAMENTO E CONTROLE
- COACHING E MENTORING
- ACOMPANHAMENTO DOS INDICADORES
- ACOMPANHAMENTO DE DESEMPENHO ESTRATÉGICO

ENCERRAMENTO
- VALIDAÇÃO DA SOLUÇÃO
- RELATÓRIO INTEGRADO
- LIÇÕES APREDIDAS E GESTÃO DO CONHECIMENTO

OPERAÇÃO ASSISTIDA
- ACOMPANHAMENTO PÓS IMPLANTAÇÃO
- AJUSTES

PERCEPÇÃO DE OPORTUNIDADE
ACORDO DE CONTINUIDADE DEFINIÇÃO DO PATROCINADOR
RELATÓRIO DE DIAGNÓSTICO
SOLUÇÃO SOB MEDIDA PLANEJADA
SOLUÇÃO SOB MEDIDA IMPLANTADA
RELATÓRIO DE ENCERRAMENTO E RELATÓRIO INTEGRADO
TERMO DE ACEITE E/OU NECESSIDADE DE AJUSTES

Figura 9 – Detalhamento do Modelo GES

O Modelo GES é baseado no princípio de que todas as ações escolhidas para serem executadas por uma organização devem ser resultado de uma reflexão corporativa, sobre como desdobrar a estratégia, gerando impactos sociais, ambientais e/ou econômicos positivos, ou minimizando os negativos, como ilustrado na Figura 10.

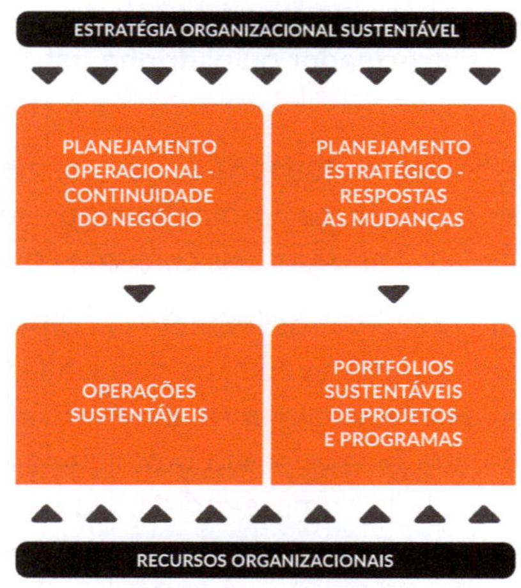

Figura 10 – Desdobramento da estratégia

Você já sabe que o lucro é sempre a primeira preocupação das organizações, mas o investimento em sustentabilidade pode, por exemplo, reduzir custos e, consequentemente, melhorar os resultados financeiros. Ou usar capital financeiro pode aumentar outros capitais como, por exemplo, o intelectual e o social/relacionamento, aumentando o valor da organização. Mas, para que isso aconteça, as ações devem ser bem planejadas.

Implementar sustentabilidade é uma mudança de cultura organizacional e deve ser tratada como tal. É um caminho virtuoso que traz muitos benefícios. Logo, envolver e comprometer as pessoas certas é fundamental.

É preciso conhecer o assunto sustentabilidade para entender como ele vai agregar valor. Sabendo isso, é mais fácil convencer pares sobre as vantagens que podem ser alcançadas e ganhar um patrocinador ou padrinho, fator primordial para a implantação!

Treinamentos e *coaching* auxiliam em todas as etapas, na medida em que proveem conhecimento e, consequentemente, comprometimento, além de espaços em que a obtenção de *feedbacks* pode auxiliar eventuais correções de rota.

Na sequência, é importante conhecer os impactos positivos e negativos que a organização já produz com o seu negócio, os que ela tem potencial para realizar e as práticas já usadas. Normalmente, o potencial para gerar impactos positivos é muito maior do que os que já são produzidos, principalmente porque a materialidade não é bem compreendida. Ela é essencial para definir as prioridades de uma organização que quer ser sustentável. Revisitar o planejamento estratégico e torná-lo sustentável será a base para todo o caminho que o Modelo GES propõe, em que todos os resultados produzidos pela organização têm que estar alinhados com a estratégia para geração de valor. E, como o lucro não pode ser esquecido, ele tem que estar bem representado na estratégia. Dependendo do porte da sua organização, pode acontecer que nenhum planejamento estratégico tradicional seja utilizado como ferramenta de gestão. Nesses casos, ele deverá ser realizado pela primeira vez já considerando a sustentabilidade.

Entendida a situação atual, você deve estar pensando que vai ter um trabalho enorme pela frente. Isso não é verdade!

A solução a ser definida para implementação do Modelo GES será adequada às características da organização. Nem complicada e nem simples demais. Ela deve considerar o tamanho da organização, seus recursos, sua disponibilidade de tempo e as prioridades envolvidas. A forma de customização do modelo deve garantir que todos esses aspectos estarão equilibrados tanto na composição do portfólio de projetos e programas sustentáveis como na estruturação das operações.

A implementação da solução escolhida deve ser monitorada para que os resultados (baseados em ODSs, Sistema B, GRI, IIRC, ISE, DJSI, ou quaisquer outras estruturas para sustentabilidade) possam ser gerados de forma transparente, automática e rastreável.

Fazendo isso, sua organização aprenderá novas práticas e mudará sua cultura, construindo uma parte do seu caminho para a sustentabilidade. Mas esse caminho gera frutos que devem crescer. Durante todo o seu ciclo de vida, produtos e serviços geram externalidades, que podem ser minimizadas por um bom planejamento, mas que precisam ser monitoradas para que os impactos projetados possam ser garantidos. Às vezes há necessidades de ajustes, mesmo já em fase de operação do Modelo GES.

A implantação do projeto de mudança para o Modelo GES fará com que a organização vivencie dois períodos distintos: o primeiro, em que ela desenvolverá o projeto em paralelo com suas outras atividades de rotina, e o segundo, em que o projeto terá acabado e as atividades de rotina já terão sido afetadas pela mudança para o Modelo GES.

Conceito:

PORTFÓLIO DE PROJETOS E PROGRAMAS SUSTENTÁVEIS – Ver Seção 6.4 Revisão dos portfólios de programas e projetos

Conceito:

EXTERNALIDADES – São impactos positivos ou negativos de produtos ou serviços que afetam *stakeholders* externos à organização.

Atenção:

Resista à tentação de implantar muitas práticas novas ao mesmo tempo. Isso assustará as pessoas e as afastará do objetivo a ser alcançado.

Podemos observar o desdobramento da estratégia em projetos, programas e portfólios, além de operações (Figura 11).

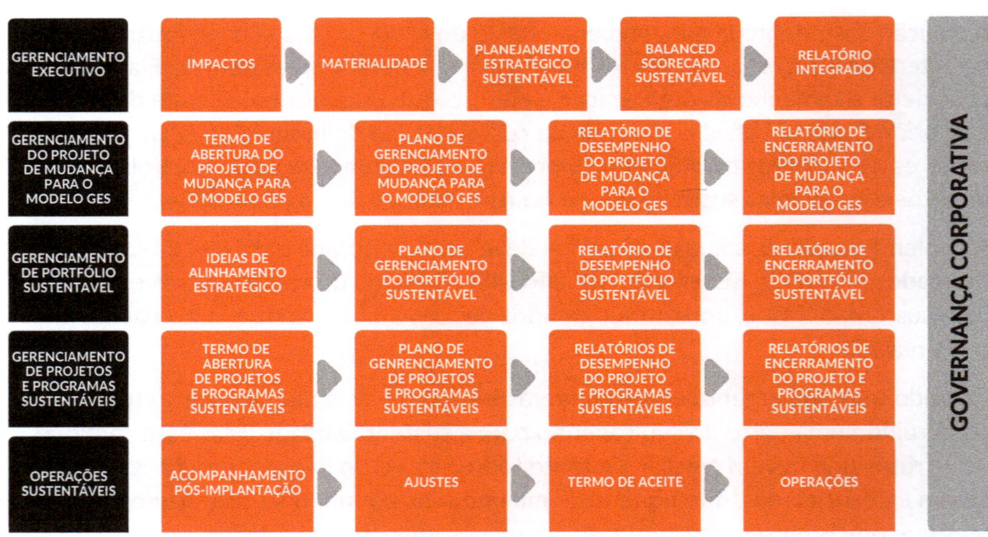

Figura 11 – Desdobramento da estratégia no Modelo GES

Nos próximos capítulos, todas as etapas do Modelo GES serão detalhadas para que você compreenda como estabelecê-lo.

3.1. Customização do Modelo GES

O Modelo GES não é uma metodologia! Não propõe processos detalhados, formatos de documentos, ferramentas, responsabilidades, etc., definidos e engessados. Ele é um conjunto de práticas que devem ser adaptadas para a organização que vai utilizá-lo, de acordo com a sua necessidade, vontade e possibilidade de implantação.

Instaurar qualquer tipo de prática exige autoridade definida, recursos e tempo para aprender, desenvolver, utilizar, acompanhar e rever. Tudo isso significa usar capital financeiro da organização, requer priorização e entendimento dos benefícios que serão agregados. Muitas vezes há o desejo de aplicação de melhores práticas, mas as atividades do dia a dia, que geram resultados financeiros, acabam ganhando a concorrência.

Assim, a melhor forma de implantar qualquer modelo é customizá-lo de forma que a organização possa realmente utilizá-lo, mesmo que precariamente no início. Incluir um projeto de mudança para o modelo de Gestão Estratégica de Sustentabilidade no portfólio da organização garantirá o benefício final: organização alinhada com sustentabilidade. Para isso será necessário traçar um plano, com escopo, prazo, custo, riscos e qualidade definidos, para que a melhoria contínua aconteça, aumentando a maturidade da organização em gestão de sustentabilidade.

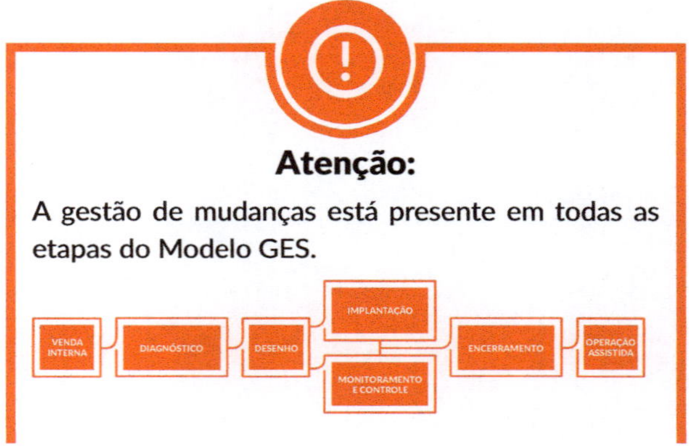
Atenção:
A gestão de mudanças está presente em todas as etapas do Modelo GES.
VENDA INTERNA
DIAGNÓSTICO
DESENHO
IMPLANTAÇÃO
MONITORAMENTO E CONTROLE
ENCERRAMENTO
OPERAÇÃO ASSISTIDA

3.2. Tratando a mudança para o Modelo GES como um projeto

Quando a proposta é implantar algo novo, isto é, gerar uma mudança em uma organização, seja em processos ou em comportamentos, a abordagem deve ser estruturada desde a concepção do projeto, para que haja a sensibilização de influenciadores a fim de que ele se viabilize. Será necessário vender a ideia da mudança internamente e para isso deve-se deixar claro o valor que será agregado.

A confecção de um termo de abertura formalizará o projeto para os *stakeholders* da organização. Na fase de DESENHO, o planejamento estratégico sustentável será redefinido e o projeto de mudança para uso do Modelo GES, incluído no portfólio sustentável de projetos e programas da organização. Na etapa de IMPLANTAÇÃO, as capacitações necessárias serão executadas, assim como a implementação de novas metodologias, ferramentas, etc. Durante o MONITORAMENTO e CONTROLE da implantação, relatórios de desempenho serão emitidos para documentar status, ações preventivas/corretivas e lições aprendidas. Ao final da fase de ENCERRAMENTO, o Relatório de Encerramento consolidará todas as informações do projeto, registrando tudo que é importante para ser reutilizado. A fase de OPERAÇÃO ASSISTIDA colocará em prática, em uma escala real, tudo o que foi proposto e poderá exigir ajustes, consequente revisão do PLANEJAMENTO e, ainda, acréscimos no relatório de ENCERRAMENTO. Tudo isso acontecerá pela primeira vez com o "avião no ar". Ou seja, a organização não vai parar de funcionar enquanto o Modelo GES estiver sendo customizado e implantado. Adaptá-lo e aplicá-lo vai exigir apoio e liderança, mas também trará resultados imediatos, que contribuirão para maior aderência dos *stakeholders* ao seu uso. Portanto, não se esqueça de que todas as sugestões, críticas, observações, etc. são úteis para a melhor customização e, consequentemente, o comprometimento de todos.

4
Venda Interna

O cenário global do século XXI exige redefinição da rota dos negócios e das relações. Novas competências relacionadas à empatia passam a ser requeridas:

- saber elaborar uma narrativa bem estruturada para um produto, indo além da funcionalidade e incluindo a emoção;
- conhecer seu propósito pessoal para ver sentido no trabalho, ser coerente consigo mesmo e ter prazer no que faz;
- ter visão do todo e criar redes que podem desenvolver soluções inovadoras.

Chega ao mercado, tanto como produtora quanto como consumidora, a geração Z, que quer viver a partir de seu propósito, já nasceu conectada e percebe a tecnologia como uma extensão de si mesma. Essa geração acredita na necessidade de ações que mantenham a vida do planeta de forma socialmente justa, ambientalmente suportável e economicamente viável. Ela possui a consciência de que, para citar somente um exemplo, o lixo é resíduo, fonte de matéria-prima, tem valor financeiro e, portanto, não pode ser simplesmente desprezado. Enquanto isso, a geração *baby boomer*, mais desinteressada nas mudanças climáticas, começa a sair da cena executiva, deixando lugar para a geração Y ou do milênio.

Conceito:

GERAÇÕES – São definidas por período em que nasceram (há algumas divergências entre autores).

Já se dizia que...

"Se um homem não sabe a que porto se dirige, nenhum vento lhe será favorável."
Sêneca

Já se dizia que...

"Não é normal sabermos o que queremos. É uma realização psicológica rara e difícil."
Abraham Maslow

Essa dança das cadeiras afeta relações da organização com clientes, acionistas, investidores, colaboradores e fornecedores. Os modelos de negócio se alteram, tornando-se mais criativos, inovadores e com ciclos de vida mais curtos. Mas a perenidade dos investimentos continua sendo fator extremamente relevante.

De posse dessas informações você pode estar percebendo que sua organização hoje tem a oportunidade, ou a necessidade, de se preocupar com sua própria sustentabilidade. E o melhor é que ela pode fazer isso sem se desvincular do que ela é, de como se posiciona no mercado e do que é relevante para ela. Então, sua organização não precisa de ações relacionadas à sustentabilidade definidas aleatoriamente, definidas somente para demonstrar uma imagem alinhada com um mundo global preocupado em gerar impactos positivos. Ela precisa de um posicionamento estratégico para a sustentabilidade e, a partir dele, definir os indicadores que nortearão seu portfólio, de projetos e programas, e suas operações. Assim, ao final do exercício, será possível reportar seus resultados de sustentabilidade, impactos sociais, ambientais e/ou econômicos, de forma descomplicada, automática, transparente, efetiva e com custo baixo.

A partir do momento que você percebe isso, o que deve fazer? Como conduzir internamente essa questão?

Neste capítulo serão feitas algumas reflexões e fornecidas algumas dicas que podem ajudá-lo a gerir essa mudança.

4.1. Propósito pessoal

Nem todos os indivíduos entendem claramente o seu propósito pessoal e não conseguem defini-lo bem sem passar por um processo de autoconhecimento. O propósito é algo inspirador, que mobiliza o indivíduo, é a força condutora para alinhar os esforços de todos e da própria organização, é um senso de direção. Não é apenas um ponto de chegada. O propósito é considerado a base para desenvolver a proposta de valor.

Os japoneses se referem ao propósito, o que motiva uma pessoa e a faz feliz, como "a razão de ser" e usam a palavra IKIGAI para isso (em japonês deriva de IKI = vida e KAI = realização de desejos e expectativas). Assim, como demonstrado na Figura 12, para eles o propósito profissional é configurado pela interseção entre o que você ama fazer, o que o mundo precisa que você faça, o que é pago para fazer e o que você faz bem feito.

Para saber mais...

CLARK, T. et al. O modelo de negócios pessoal. Rio de Janeiro: Alta Books, 2013.

Figura 12 – Representação visual das 4 dimensões que dão origem ao seu propósito (IKIGAI).
Fonte: Adaptado e desenvolvido a partir de GARCÍA e MIRALLES (2016)

Então, é importante você se perguntar:

Qual o seu propósito? E dos que poderiam estar envolvidos no projeto de mudança para o modelo GES?

Entender o propósito do outro pode fazer com que você se conecte com ele de forma empática, facilitando a sua argumentação para que ele passe a ser um apoiador do projeto.

Entender o seu propósito vai permear a sua proposta de valor (Como? Por quê?).

4.2. Proposta de valor

Para entender como a sustentabilidade agrega valor à sua organização, mapeie como isso acontece efetivamente, considerando diferentes atores. Seguem algumas perguntas para orientar a reflexão:

- Como o seu mercado está se comportando em relação à sustentabilidade?
- Seus concorrentes já estão tratando o assunto sustentabilidade?
- Como seus consumidores se posicionam em relação ao tópico? O que eles valorizam?
- Você faz parte de uma cadeia de fornecedores cujos produtos ou serviços são providos para uma organização que já abraçou a causa da sustentabilidade?
- Seus investidores já estão começando a exigir responsabilidade social, ambiental e econômica?
- Os melhores profissionais para o seu negócio têm propósitos pessoais sociais, ambientais, além dos econômicos? E os sócios?

Conceito:

PROPOSTA DE VALOR – Define o valor trocado entre quem gera valor e quem o percebe. (...) A proposta de valor corporativa representa um portfólio de ofertas de valor. (...)
Está relacionada a:

- Orientação organizacional para a alocação de recursos
- Diferenciação de mercado
- Um conceito estratégico

(EGGER, 2015)

- Quais os efeitos para o negócio se sua organização não aderir à sustentabilidade? Como fica o valor futuro da sua organização?

Essa avaliação não prediz o futuro, mas ajuda a entender quais os possíveis cenários com as quais a organização pode deparar para que ela se posicione em relação à sustentabilidade, e para quais impactos (positivos e negativos) a escolha feita pode contribuir. Lembrando que a avaliação ocorre em um momento de mudança, em que não é possível "saber" qual será o futuro, que pode variar desde aquele que se pode imaginar, chegando até a um totalmente desconhecido. A imprevisibilidade torna cada vez mais necessário o monitoramento, de objetivos estratégicos e de ações, com uma frequência menor. Com a mudança de cenário, pode ser indispensável rever esses objetivos, suas metas e o tempo de execução, bem como a inserção de novos objetivos.

Esse período de exaustivas mudanças transforma o fator tempo em um ativo-chave cada vez mais precioso. Algumas organizações bem posicionadas no mercado, repentinamente, perderam sua supremacia, muitas vezes por não estarem atentas às informações e aos sinais emitidos pelo próprio mercado, não se reposicionando em relação a novos valores e tecnologias.

Definir a proposta de valor da sustentabilidade para sua organização passa por colocar-se no lugar de diversos *players* do mercado para entender como estão lidando com as questões relacionadas ao tema e quais as tendências percebidas. Exercitar a empatia de uma forma mais ampla e entender o que esses *players* querem experienciar é primordial.

A construção da proposta de valor não pode estar desvinculada do ambiente atual, que tem um pé no futuro e outro na inovação e, além disso, é recheado de incertezas.

Na sequência de todos os substantivos (amor, vida, tempo) líquidos apresentados pelo sociólogo e filósofo Zygmunt Bauman em seus livros, o conceito de mundo VUCA já está no discurso de jovens empreendedores e intraempreendedores para resumir características de um ambiente em que a mudança existe e precisa ser continuamente avaliada. Nele, a complexidade é gerada pelos múltiplos fatores que impactam uma decisão, pela falta de clareza em relação ao significado de determinados eventos e pela incerteza que nos indica riscos dos mais diversos tipos.

Para saber mais...

Ver obra de Zygmunt Bauman (1925-2017)
"Modernidade Líquida", 2001
"Amor Líquido", 2003
"Vida Líquida", 2005
"Tempos Líquidos", 2006
...

4.3. Riscos

Os riscos de desenvolver um projeto de mudança para o Modelo GES devem ser avaliados antes mesmo de o projeto ser aprovado para compor o portfólio da organização. A identificação dos riscos, que deve incluir as respostas ao mapeamento da proposta de valor do projeto para a organização, sua análise e definição de respostas, ajuda a esclarecer pontos críticos sobre o projeto, a avaliar a sua viabilidade e a definir sua seleção e priorização.

Jogar aberto no momento da venda da ideia, principalmente para os eventuais patrocinadores, ajuda a criar um clima de confiança.

No início de um projeto, o nível de incerteza é muito alto, porém conforme o projeto avança, ele vai se tornando mais conhecido.

Um risco pode ser definido como um evento (condição incerta) que, se ocorrer, tem efeitos em pelo menos um objetivo do projeto (escopo, cronograma, orçamento, qualidade, etc.). Esses eventos podem ser positivos ou negativos para o projeto,

Conceito:

MUNDO VUCA – Expressão usada para caracterizar os dias de hoje, em que estamos passando por uma mudança de era e precisamos lidar com as características de:
Volatility = volatilidade
Uncertainty = incerteza
Complexity = complexidade
Ambiguity = ambiguidade

isto é, oportunidades ou ameaças. Como ambos podem afetar o sucesso do projeto, definem-se ações (respostas) para os dois tipos.

Quando se analisam os riscos em projetos, levantam-se as incertezas, parcialmente conhecidas. Em relação aos riscos desconhecidos, não é possível planejar respostas para eles antecipadamente e eles serão tratados no momento em que ocorrerem.

Todos os riscos possuem:

- Descrição de um evento que pode acontecer no futuro.
- Causa-raiz – Fonte(s) do risco.
- Impactos – Efeitos ou consequências, positivas ou negativas, que afetam os objetivos do projeto (algum aspecto do gerenciamento ou o produto ou serviço resultante).
- Probabilidade – Chance de o risco ocorrer.
- Avaliação – Multiplicação da probabilidade pelo impacto.
- Janela associada de tempo – Período em que o risco pode ocorrer.
- Apetite ao risco – Nível de afinidade, aceitação ou aversão, aos riscos por parte da organização.

A descrição final do risco deve ser feita de forma textual para que todos o entendam e possam gerenciá-lo adequadamente. Uma das formas de descrevê-lo é:

"Se <EVENTO DE RISCO> ocorrer devido a <CAUSA-RAIZ> até <JANELA DE TEMPO>, então <IMPACTO> para <OBJETIVOS DO PROJETO>"

O projeto de mudança para o Modelo GES tem diversos riscos e alguns deles são relacionados à proposta de valor a ser agregado à organização. Todos eles devem ser cuidadosamente entendidos e descritos, para depois serem analisados, respondidos, monitorados e controlados.

Suponha que sua organização identifique o risco: "se os 10% dos nossos clientes do produto X migrarem para compra de produto similar e ambientalmente correto devido à entrada no mercado de um concorrente em até 1 ano, então a redução do faturamento da empresa será de 20% no mesmo período". Esse risco pode ser associado claramente à proposta de valor relacionada ao mercado, aos clientes, ao faturamento e aos concorrentes. Ele pode ser respondido com a preparação da empresa para produzir o produto X de forma ambientalmente correta em 1 ano, por exemplo. E, nesse caso, o projeto de mudança para o Modelo GES agregará valor à organização, na medida em que implantará práticas que facilitarão a migração para ela se tornar social, ambiental e economicamente responsável.

A empresa pode não querer, ou poder, migrar para produção mais sustentável, escolhendo outras respostas, como, por exemplo, mudar a estratégia de marketing para vender mais quantidade de outro produto e compensar a perda de faturamento com o produto X. Nesse caso, ela não buscará um caminho sustentável e continuará correndo o risco de seus produtos perderem mercado devido à gradual modificação de *mindset* dos seus consumidores.

Os *Key Risk Indicators* (KRI), ou indicadores-chave de risco, têm como objetivo simular e monitorar os principais riscos aos quais uma organização está exposta. Eles podem se referenciar a categorias, capacidade, recursos, etc., ajudando a avaliar o nível de apetite a riscos que a organização tem que assumir, de acordo com as respostas que quer e pode dar aos riscos, em um momento específico.

Os KRIs *são* utilizados para fornecer dados no momento da identificação do risco, comparando-os com valores simulados para respostas planejadas. Podem também ser utilizados para acompanhamento das reações decorrentes das respostas depois de realizadas, para verificação de sua efetividade e identificação de necessidade de novas ações.

Os KRIs serão muito úteis no processo de venda interna do projeto de mudança para o Modelo GES, e também de outros projetos e programas do portfólio, na medida em que demonstrarão como ele pode contribuir para o negócio da organização, deixando-a mais consciente do nível de risco que está minimizando ou assumindo.

Já se dizia que...

"Ninguém entra em um mesmo rio uma segunda vez, pois quando isso acontece já não se é o mesmo, assim como as águas que já serão outras."
Heráclito de Éfeso (535 a.C. - 475 a.C.)

4.4. Gestão de mudanças

De Heráclito de Éfeso ao mundo VUCA, a única certeza que se tem é sobre a mudança. As mudanças, que sempre ocorreram ao longo da história da humanidade, acontecem agora com frequência e amplitude jamais observadas, o que leva à necessidade de desenvolver novas habilidades, inclusive para os líderes.

Como liderar a mudança? Como vender a ideia de que se precisa mudar?

A sustentabilidade já não é uma opção para a maioria das organizações, e sim uma necessidade. Transformar a organização de forma estratégica, permeando todos os processos e projetos com um modelo mental que valorize o social, o ambiental e o econômico, passa por transformar as pessoas. Desde o início, é necessária uma abordagem também estratégica de gestão da mudança, já que é certo encontrar resistência a ela, seja em que nível for.

A partir do contato com algo que pode mudar um ambiente conhecido, os indivíduos passam por diversas etapas e emoções, como pode ser visto na Figura 13.

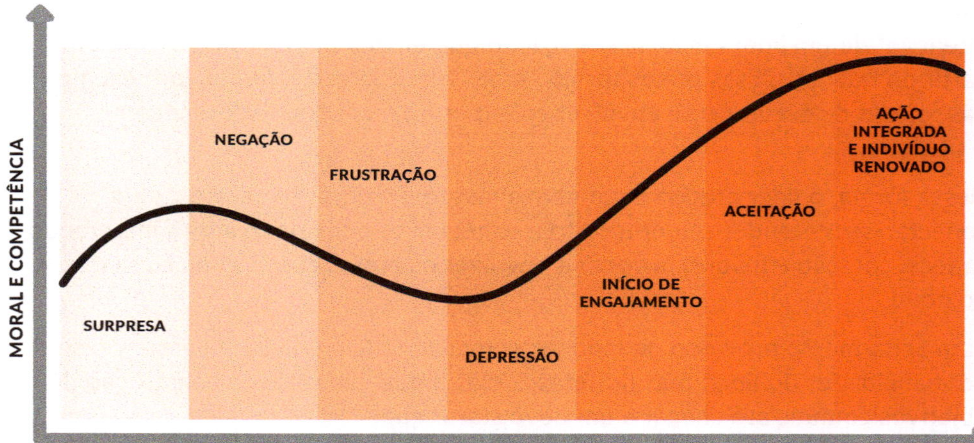

Figura 13 – Processo de mudança pelo qual o indivíduo passa (com base no modelo de Kübler-Ross)

Para o tema **GESTÃO DE MUDANÇAS**, vai-se adotar como fio condutor os oito passos de John Kotter, mas agregando contribuições, principalmente, de Otto Scharmer (SCHARMER, 2017) e do *Human Change Management Body of Knowledge* (HCMBOK) (GONÇALVES; CAMPOS, 2016).

Para saber mais...

GONÇALVES; CAMPOS. HCMBOK: o fator humano na liderança de projetos. 3.ed. Rio de Janeiro: Brasport, 2016.

Para saber mais...

Guia com foco em projetos e alinhado com o *PMBOK® Guide* (5ª ed.)

Para saber mais...

Claus Otto Scharmer (1961 – Alemanha), doutor em economia e negócios, professor do MIT, desenvolveu a Teoria U e propostas para a nova liderança e mudanças necessárias ao nosso planeta.

Ver SCHARMER (2017)

Segundo Scharmer, a teoria U é um método para fazer uma equipe inteira aprender algo novo. A Teoria U se propõe a ajudar a implementar mudanças e aumentar a produtividade em organizações diversas. Funciona como uma espécie de passo a passo com etapas que fazem parte de uma jornada com começo, meio e fim (Figura 14).

Para Scharmer, a liderança de sucesso depende da "qualidade da atenção e da intenção" de um líder em cada situação, o que emana de um espaço interior a partir do qual age. Essa predisposição individual aparece refletida, por exemplo, nas formas de escutar e se envolver com o outro, com o ambiente e com a situação.

Dessa forma, o líder precisa estar com a mente e o coração abertos, para conectar-se; entender seu propósito e conectar-se com ele; realizar, integrando cabeça, coração e mãos; convocar e envolver os atores corretos na cocriação do novo.

Para Scharmer, o processo de mudança envolve toda a equipe e passa não só por habilidades do líder, mas por etapas claras que vão desde a construção de objetivos comuns até chegar a um novo *status quo*.

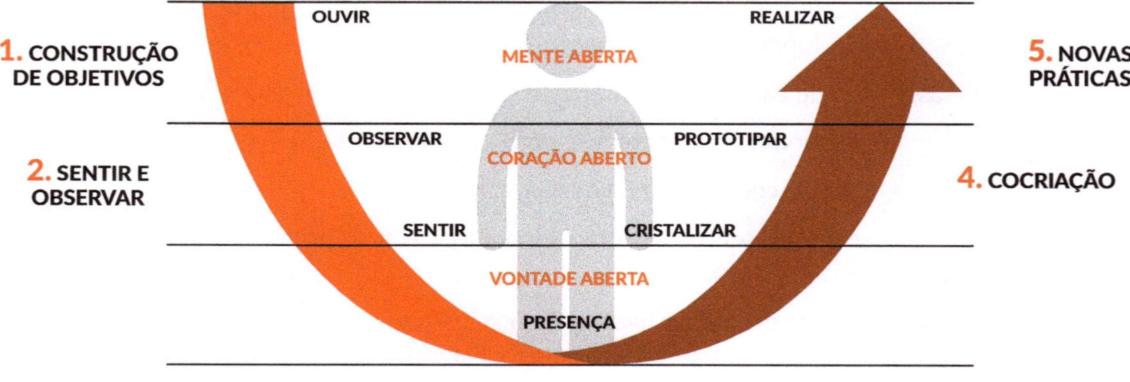

Figura 14 – Elementos que resumem a Teoria U e demonstram o fluxo das etapas.
Fonte: elaborado a partir da teoria de Scharmer (2017).

Na Figura 14, na área externa ao U, podem-se identificar as cinco etapas propostas. Na parte interna, têm-se as sete habilidades necessárias ao líder em um momento de mudanças e, ainda como pano de fundo, a importância de abrir a mente, o coração e a vontade durante o processo como um todo.

Para Scharmer, o ouvir é estabelecido em diversos níveis, como:

- escuta para confirmação de informações que você já sabe;
- escuta atenta para identificar fatos, dados novos ou falsos;
- escuta empática que requer um diálogo real e cuidadoso;

- escuta generativa que permite uma conexão em uma esfera mais profunda além das palavras.

Essas formas de escuta estão interligadas com as três habilidades seguintes:

- **observar:** prestar atenção com a mente aberta;
- **sentir:** conectar-se com o coração;
- **estar presente:** conectar-se com o nível mais profundo de seu ser e de sua intenção.

O estar presente é uma das habilidades mais difíceis hoje em dia com as muitas demandas digitais às quais se está sujeito. Estar presente é um exercício contínuo que permite, por exemplo, evoluir dentro dos quatro níveis do ouvir.

A seguir têm-se mais três habilidades:

- **cristalizar:** conseguir impulso suficiente de um pequeno grupo de pessoas comprometidas e com propósito claro;
- **fazer protótipos:** integrar cabeça, coração e mãos;
- **realizar:** convocar a equipe correta e atuar para fazer as coisas acontecerem.

As janelas de oportunidade se abrem e fecham cada vez mais rápido e é preciso agilidade e criatividade para que sua organização se beneficie delas. Em uma época em que tudo é exponencial, você pode ser um pioneiro, primeiro estando atento à onda de transformação e aos riscos, sejam eles econômicos, sociais, ambientais e políticos. E, na sequência, agindo: percebendo oportunidades, criando redes e liderando as mudanças (KOTTER, 2015).

Para saber mais...

KOTTER, John. Acelere: tenha agilidade estratégica em um mundo em constante transformação. São Paulo: HSM, 2015. (original 2014)

Ver também KOTTER (2013), KOTTER (2015) e KOTTER; COHEN (2013).

Nesse sentido, criar na rede o sentimento de urgência em relação à mudança é o primeiro de oito passos que podem ser vistos na Figura 15, alinhadas com as três etapas macro: criar um clima para a mudança, engajar e envolver toda a organização e implementar e sustentar a mudança (KOTTER, 2013).

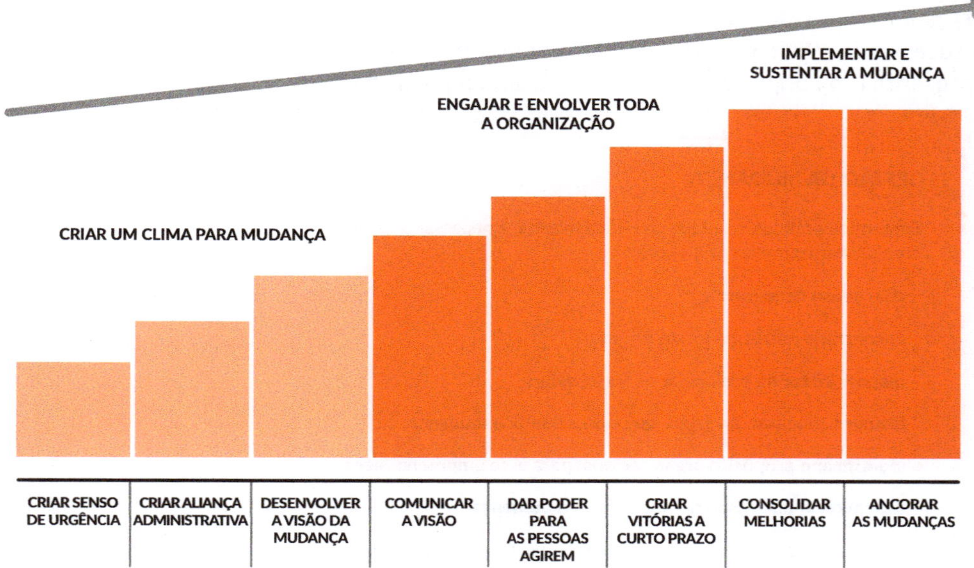

Figura 15 - Visão geral do processo de oito passos para liderar a mudança em três etapas.
Fonte: elaborado com base em Kotter (2013)

Já se dizia que...

"Não é o mais forte que sobrevive nem o mais inteligente, mas o que melhor se adapta às mudanças."

Charles Darwin

O HCMBOK é um guia aberto à construção colaborativa que propõe que qualquer mudança seja planejada e executada como um projeto. Os processos propostos seguem a estrutura básica para o ciclo de vida da mudança com as etapas de iniciação, planejamento, execução, implantação, encerramento e produção. O objetivo da última etapa é assegurar a sustentação da mudança.

O Quadro 3 apresenta processos relacionados à mudança que são necessários para o sucesso da VENDA INTERNA do projeto de mudança para o Modelo GES. Ele apresenta um conjunto de ações construído a partir das teorias citadas.

GESTÃO DA MUDANÇA

Em termos práticos, na etapa de Venda Interna, é necessário sensibilizar as pessoas e criar um clima propício para a mudança que virá:

- **criar senso de urgência;**
- **encontrar o patrocinador do projeto;**
- **mapear de forma preliminar os *stakeholders*;**
- **formar e preparar um grupo que possa liderar a mudança;**
- **identificar o propósito organizacional para esse empreendimento;**
- **desenvolver uma visão do que será essa mudança;**
- **construir objetivos comuns e estratégias preliminares para alcançá-los;**
- **sentir e observar o ambiente e as pessoas;**
- **identificar o que pode ser motivo de resistências.**

Quadro 3 – Gestão de mudanças para etapa de VENDA INTERNA

4.5. Gestão de *stakeholders*

E os seus *stakeholders*, em que acreditam? Qual o propósito deles? O que valorizam? Estão mobilizados para adotar princípios sustentáveis no dia a dia da organização?

Conceito:

STAKEHOLDER – Todo aquele que pode influenciar ou ser influenciado por, um processo ou projeto, direta ou indiretamente, positiva ou negativamente. Eles podem ser clientes, acionistas, investidores, sócios, colaboradores, terceiros, fornecedores, reguladores, comunidades, etc.

As organizações ainda têm muitos de seus colaboradores representantes das gerações *baby boomer* e X, cujos *mindsets* ainda não estão adaptados às mudanças que o último quarto do século XX começou a apresentar. Muitos ainda acreditam que os recursos do planeta são infinitos e que a perpetuação da organização não está vinculada aos impactos socioambientais negativos causados, acreditando que "tudo justifica o lucro", até mesmo o trabalho escravo.

Para iniciar um processo de venda interna de um projeto de mudança para o Modelo GES é necessário entender quem são os *stakeholders*. Quem é um tomador de decisão? Quem é um influenciador? Como cada um se posiciona em relação à sustentabilidade? O quanto eles estão com a mente e o coração abertos para novos modelos de negócios?

Você deve começar listando quem são os *stakeholders* envolvidos direta ou indiretamente no processo de mudança, dentro ou fora da organização. Eles podem ser pessoas, grupos ou outras organizações. Os papéis sugeridos a seguir podem ajudá-lo a iniciar o trabalho, mas lembre-se de que o mapeamento dos *stakeholders* é uma atividade dinâmica, e ele deve ser atualizado durante todo o projeto. Os papéis também podem ter outros nomes e ser acumulados por uma pessoa ou grupo, dependendo do tamanho da organização e da disponibilidade dos colaboradores:

- *sponsor* – Padrinho do projeto, ele deve comprar a ideia plenamente e defendê-la junto aos demais indivíduos da organização;
- **Comitê Diretor** – Liderado pelo *sponsor*, composto por elementos da alta administração, toma decisões estratégicas de maior impacto na organização e no projeto;
- **agente de mudança** – Pessoa cujo propósito é gerar a transição do estado atual para o estado desejado. Lidera a mudança cultural na organização, é um facilitador do processo e o principal "vendedor" da ideia;
- **gerente do projeto** – Responsável pelas decisões táticas e operacionais do projeto. Deve ser um influenciador das decisões estratégicas do Comitê Diretor;
- **equipe do projeto** – Executora de atividades operacionais do projeto;
- **guardiões da mudança** – Entram em ação durante a implantação do projeto e seu protagonismo está na fase de **OPERAÇÃO ASSISTIDA**. Escolhidos nas fases preliminares, os guardiões são pessoas que acreditam na mudança. Como funcionários da organização que atuam em áreas diferentes impactadas diretamente pelas mudanças implementadas, são treinados a fim de que possam atuar na sustentação da transição como apoio aos colegas lembrando ao grupo o novo *mindset*.

Mesmo os *stakeholders* que em um primeiro momento não estão em destaque precisam ser avaliados, principalmente se são:

- **Influenciadores** – Normalmente consideram-se nesta categoria os indivíduos que agem de forma positiva em relação à mudança proposta, isto é, são a favor. Estes ainda podem ser classificados como influenciadores estratégicos e táticos, e ambos serão muito úteis para o sucesso do projeto.

- **Antagonistas** - São influenciadores que se opõem à mudança. Sua atuação pode ser declarada ou não, sendo percebidos como boicotadores que se posicionam de forma aberta ou velada, podendo inclusive ser influenciadores de outros indivíduos na organização. Também podem ser classificados como estratégicos ou táticos.

Na Figura 16 você pode ver como deve ser o engajamento dos *stakeholders* do projeto de mudança para o Modelo GES.

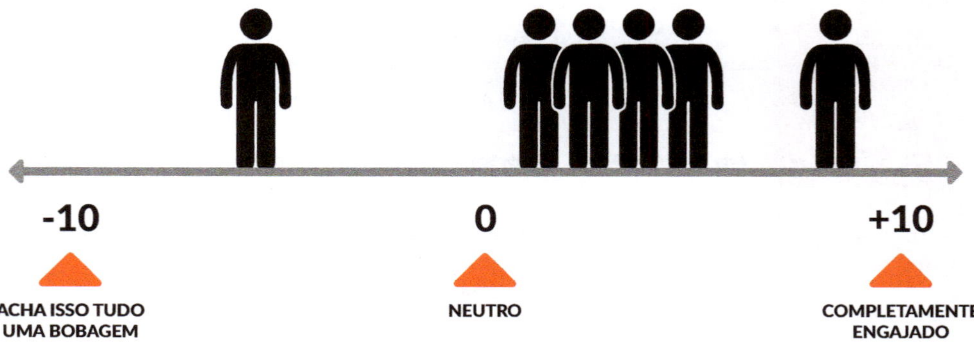

Figura 16 – Engajamento com o tema e as práticas de sustentabilidade

Não se esqueça de incluir também os *stakeholders* menos privilegiados, que podem contribuir com suas vivências para identificação de questões importantes e novos pontos de vista, mas que não seriam considerados por configurarem minorias, por exemplo.

GRUPOS SOCIAIS - MAPEAMENTO DE *STAKEHOLDERS*				
CATEGORIAS IDENTIFICADAS	OCORRÊNCIA NO GUPO	AGENTE "PRIVILEGIADO"	ALVO "MARGINALIZADO"	FORMA DE OPRESSÃO
GÊNERO	Homens e mulheres	Homens	Mulheres e transgêneros	Sexismo
RAÇA	Brancos e negros	Brancos	Negros	Racismo
ETNIA	Brasileiros e angolanos	Brasileiros	Angolanos	Xenofobia e racismo
ORIENTAÇÃO SEXUAL	Heterossexuais, *gays* e lésbicas	Heterossexuais	*Gays* e lésbicas	Homofobia
RELIGIÃO	Católicos, judeus e evangélicos	Evangélicos	Católicos e judeus	Perseguição religiosa
CLASSE SOCIAL	A, C e D	A	C e D	Classicismo
GERAÇÃO	*Baby boomers*, Y e X	*Baby boomers*	X e Y	Preconceito de idade
PORTADORES DE NECESSIDADES ESPECIAIS	Portador de deficiência física e visual	Pessoas sem deficiência	Deficiência física	Falta de espaços apropriados e dificuldade de mobilidade

Quadro 4 – Privilégios de *stakeholders*

O Quadro 4 pode ajudá-lo a:

- verificar que tipos de privilégio existem na relação de *stakeholders*;
- entender como o privilégio ocorre;
- definir ações para minimizar a forma de opressão, quando necessário;

- identificar grupos esquecidos;
- garantir diversidade de opiniões e riqueza nas decisões.

Como passo seguinte, parte-se para a análise propriamente dita, avaliando, para cada um dos *stakeholders*, como pode ser visto no Quadro 5, os seguintes pontos:

- **tipo de poder exercido** - Hierárquico, especialista, conexões, influência, etc.;
- **interesse em sustentabilidade** - Propósito pessoal, permanecer em um mercado que já está respondendo aos aspectos social, ambiental e econômico, etc.;
- **prioridade atual** - Atividades ou responsabilidades com as quais está comprometido;
- **estratégia para lidar com o *stakeholder*** - Que será mais detalhada nas seções "4.6. Marketing" e "4.7. Venda sem venda".

MAPEAMENTO DE *STAKEHOLDERS* - ETAPA DE VENDA INTERNA					
ID	NOME	CARGO/FUNÇÃO	TIPO DE PODER	INTERESSE EM SUSTENTABILIDADE (1-10)	PRIORIDADE NO MOMENTO
01	João	VP de RH	De influência	(8)	Ser reeleito para o Conselho Administrativo
02	Maria	VP Finanças	Hierárquico	(5)	Estabilizar a parte financeira da empresa

Quadro 5 - Mapeamento de *stakeholders* na etapa de venda interna

Ter uma boa rede de relacionamento pode ajudá-lo muito nesse momento, mas será necessário mobilizá-la, fazê-la trabalhar em prol da nova meta: a mudança de *mindset* da organização como um todo com o objetivo de ser mais sustentável.

É um período de transformação.

Gerir uma mudança, como já visto anteriormente, requer conhecimento técnico e humano, além de muita persistência. A resistência de algumas pessoas é certa e você deve estar preparado para ela.

Em alguns casos você só conseguirá identificar o melhor *sponsor* para o seu projeto depois de analisar os principais *stakeholders*. Ele irá ajudá-lo na divulgação da ideia de implantar sustentabilidade na organização e na identificação dos resistentes, aqueles que acham que a iniciativa se trata de "jogar dinheiro fora". Uma comunicação uniforme não será suficiente. Cada perfil profissional e psicológico exige um tipo de argumento e uma forma de apresentar a ideia. Uma ação que pode ser útil na identificação de resistências é "sentir e observar" o ambiente e as pessoas, verdadeiramente observar sem pressa, querendo entender o que motiva cada ação, percebendo quais são os medos do outro e o que o faz feliz, e, finalmente, colocar-se no lugar dele, em um uso integral e aberto da empatia.

Com o mapeamento realizado, será possível estabelecer um plano de engajamento com ações, inclusive, visando diminuir os boicotes. As ações de comunicação e engajamento devem também levar a todos o "senso de urgência", isto é, demonstrar que a mudança leva tempo e que é necessário começar a trabalhar o mais rápido possível.

Preparar o grupo que pode assumir o papel de influenciador é uma tarefa importante nesse momento, que pode contar com o apoio de atividades de *marketing* e venda, que darão suporte aos próximos passos: divulgar a visão da mudança e estabelecer as estratégias preliminares.

4.6. Marketing

O processo de venda de uma nova ideia pode ser lento e complexo, não devendo ser negligenciado. As novas ideias geralmente precisam de ajuda para sua propagação e uso, assim, as diversas abordagens de marketing podem ser úteis: de ideias, social, interno, verde, sustentável... alguns com conceitos e área de atuação muito próximos.

Marketing social tem sido definido como a aplicação de estratégias e táticas para alterar ou criar comportamentos que tenham efeitos positivos em indivíduos ou na sociedade como um todo. É aquele que promove causas e ideias sociais, tais como conservação de energia, controle populacional e ações de caridade.

A aplicação dos princípios de marketing a fim de influenciar o público interno de uma organização tem sido estudada e recebe o nome de marketing interno ou *endomarketing*. É usado para a melhoria da comunicação interna e tem como foco motivar, mobilizar e gerir trabalhadores nos diversos níveis da organização.

No âmbito deste livro, a sustentabilidade é uma inovação cuja proposta é impregnar a organização desde sua estratégia até as ações operacionais do dia a dia. Pode-se definir inovação como algo novo que traga benefícios que não existiam antes,

Conceito:

MARKETING - Atividade, conjunto de instituições e processos para criar, comunicar, entregar e trocar ofertas que tenham valor para clientes, parceiros e a sociedade em geral. (AMA, s.d.)

Para saber mais...

ROGERS, Everett. Diffusion of innovations. 5. ed. New York: Free Press, 2003.

portanto é necessário que o público-alvo perceba esses benefícios antes da implantação da ideia, para que possa viabilizá-la. Toda inovação precisa ser objeto de um plano para que seja incorporada às práticas do dia a dia (ver Figura 17).

Figura 17 – O marketing como ferramenta para que a inovação seja adotada pelo público-alvo.

As ações de comunicação com base em estratégias e táticas de marketing contribuem para o aumento da eficiência em sua adoção. Essas ações são trabalhadas em duas frentes. A primeira visa distribuir informação sobre a inovação, para que o público-alvo conheça o "produto". A segunda frente visa a adoção da inovação, seja adquirindo o produto fisicamente ou adotando a ideia, incorporando-a ao seu *mindset*.

Para saber mais...

FRANCO, Lucyara. Marketing Sustentável. São Paulo: Pearson Education do Brasil, 2016.

O marketing sustentável, também conhecido como: marketing verde, ecológico, ambiental, ecologicamente correto e *ecomarketing*, surgiu na década de 1970, em paralelo e como apoio aos movimentos ambientais. Na década de 1990 sua atuação já era mais abrangente e discutia causas maiores, inclusive sociais.

Peattie e Charter (2003, citado por FRANCO, 2016) propõem acrescentar 4Ss aos 4Ps do marketing (preço, praça, produto e promoção):

- satisfação do consumidor;
- segurança dos produtos e da produção para consumidores, trabalhadores, sociedade e meio ambiente;
- aceitação social (*social acceptability*) dos produtos, da produção e das atividades das organizações;
- sustentabilidade dos produtos.

Os canais de comunicação e marketing para sustentabilidade são os já usados (propaganda, promoção de vendas, eventos e experiências, relações públicas e publicidade, marketing direto, marketing interativo, marketing boca a boca, vendas pessoais), porém com destaque para relações públicas. As relações públicas são usadas quando se pretende promover algo (ideia, produto, pessoa, lugar) e construir bons relacionamentos, seja com o consumidor, investidores, mídia e comunidades, além de promover uma imagem positiva da organização.

Para saber mais...

PINK, Daniel. Saber vender é da natureza humana. São Paulo: Leya, 2013.

4.7. Venda sem venda

Você precisará convencer, influenciar, persuadir e induzir seus *stakeholders* para que abracem a causa da sustentabilidade junto com você. Seu objetivo é que eles gostem tanto dos conceitos de sustentabilidade e entendam tão perfeitamente como ela pode contribuir para a estratégia da organização que queiram trabalhar para colocá-la em prática. Você vai fazer o que Pink (2013) chama de "venda sem venda".

Para saber mais...

PITCH - Apresentação de dois a três minutos feita por empreendedores com o objetivo de chamar atenção dos investidores para o seu negócio.
Pixar Animation Studios pertence à Walt Disney Company e é uma empresa de animação digital.

Para abrir caminho, você pode se inspirar no "*Pitch* da Pixar", que sugere um breve resumo da ideia que você quer transmitir utilizando a estrutura de narrativa de um filme da Pixar. O *pitch*, seguindo ou não a estrutura dos filmes da Pixar, precisa transmitir uma mensagem complexa e induzir os outros de forma simples, sucinta e eficaz. Veja o modelo de narrativa da Pixar:

Era um vez... Todo dia,... Um dia,... Por conta disso,... Por causa disso,... Até que, finalmente,...

Utilizando a forma de narrativa para a ideia de implantação do projeto de mudança para o Modelo GES, tem-se:

Era uma vez um tempo em que as pessoas e as organizações abusavam da natureza e exploravam os trabalhadores. **Um dia,** o planeta começou a dar sinais de exaustão, os consumidores começaram a buscar fornecedores sócio e ambientalmente responsáveis, os investidores começaram a exigir relatórios de sustentabilidade e os governos começaram a desenvolver leis específicas. **Por conta disso,** as organizações começaram a repensar suas práticas. **Por causa disso**, elas começaram ações para mitigar suas externalidades negativas, mas ainda de forma aleatória, e tinham dificuldade para reportar seus resultados. **Até que, finalmente,** perceberam a importância de ter uma Gestão Estratégica de Sustentabilidade, fazendo uma revisão do planejamento estratégico, identificando o que é relevante e definindo objetivos estratégicos sustentáveis, um consequente portfólio sustentável de projetos e programas e operações sustentáveis. Tudo isso com indicadores transparentes e rastreáveis ao longo do processo para que seja natural reportar os resultados.

Além da forma de narrar, é importante que você reflita sobre a sua atitude e posicionamento dentro da rede de relacionamento que precisa convencer, influenciar, persuadir e induzir.

O que você é dentro da rede? Um tomador, um doador ou um compensador? Apenas tirando dos outros, doando seu tempo e atenção ou fazendo trocas?

A toda ação corresponde uma reação, correto? Pois é, as diversas formas como você pode se comportar dentro da rede geram retornos diferentes. Embora diferentes formas de cooperação tenham tomado força no século XXI, falar sobre cooperação no âmbito das negociações tem sido tema desde a década de 1980 nas pesquisas do Programa de Negociação de Harvard que focavam no relacionamento. Pode-se também partir do pensamento de Nalebuff e Brandenburger (1996), que exploram a co-opetição como um conceito que mescla momentos de cooperação e de competição. Eles propõem o esquema expresso na Figura 18, em que a posição de cada um deles dentro da rede de relacionamento não é fixa – mesmo que os *players* sejam os mesmos, a posição pode mudar. Em um momento você pode ser o cliente e em outro um fornecedor. Assim sendo, esteja atento ao seu comportamento e também à presença de concorrentes na rede e dos que podem complementar o seu serviço ou produto.

Para saber mais...

GRANT, Adam. Dar e receber. Rio de Janeiro: Sextante, 2012.
NALEBUFF, Barry; BRANDENBURGER, Adam. Co-opetição. Rio de Janeiro: Rocco, 1996.
EGGER, Daniel. Geração de valor futuro. Rio de Janeiro: Elsevier, 2015.

Para saber mais...

Program on Negotiation – Harvard Law School
<https://www.pon.harvard.edu/>

Figura 18 – Rede de valores. Fonte: Nalebuff e Brandenburger (1996)

A cooperação assumiu novos contornos no século XXI. Fala-se em colaboração nos negócios e compartilhamento de coisas e de lugares. Surgiram sistemas de compartilhamento de carro, casa, bicicleta, ... companhia. Hoje ouvimos com muita frequência termos como: *co-working* ou *co-living*, *collaborative economy*, *peer-to-peer economy* ou *mesh economy* e *sharing economy*. Passou a fazer parte do dia a dia a confiança mediada por uma plataforma virtual que todos acessam.

Neste contexto, as redes assumem um papel importante!

Mas o que são redes? São estruturas compostas por pessoas e/ou organizações que compartilham valores e objetivos. De algum modo as redes sempre existiram, mas eram restritas. Com a internet houve um crescimento exponencial.

O foco do consumo colaborativo está menos no "o quê" você consome, mas, sim, no "como" você consome. Isto é, para se locomover do ponto A ao ponto B com um automóvel você não precisa ser o proprietário, afinal outros têm automóveis parados na garagem e o negócio é feito diretamente entre pessoas físicas, assim você usa o bem que é de outro.

Já em outro patamar podem-se ter as trocas de serviço! Afinal, você tem habilidades que podem ser muito valiosas para outras pessoas que possuem outras habilidades. Plataformas *on-line* gerenciam essas trocas e, nesses casos, a confiança entre as partes também é mediada pela tecnologia.

Mas você não pode se esquecer de algo muito importante: durante todo o processo de **VENDA INTERNA**, espera-se que os líderes da mudança estejam atentos para ouvir, sentir e observar o ambiente, de onde podem "tirar" *insights* verdadeiramente úteis para a alimentação dessa e das próximas etapas do projeto.

A sua ideia deve ter sua viabilidade estudada antes de ser aprovada, para que o processo de **VENDA INTERNA** seja também calcado em dados concretos em relação aos riscos, custos, resultados, etc. Essas informações, se bem estruturadas, serão ótimos argumentos de venda. Quando a sua ideia for aprovada ela passará a compor o portfólio de projetos e programas da organização, aguardando autorização para iniciar.

4.8. Formalizando o início do projeto de mudança para o Modelo GES

Assim que conseguir influenciar os decisores, demonstrando os benefícios de investir na mudança para o Modelo GES, você deve providenciar um documento interno com a aprovação formal para o projeto, para que você não tenha "surpresas" posteriormente. Lembre-se de que nesse momento você deve ter o *sponsor* do seu projeto definido.

Se a organização ainda não tiver metodologia institucional implantada para gerenciamento de portfólios, um dos documentos que podem formalizar a aprovação da ideia é um *Memorandum of Uderstanding* (MoU), acordo que descreve as diretrizes básicas do futuro projeto e as expectativas das partes. Ele configura o ponto de partida para dar início ao projeto. Afinal, a organização vai precisar investir seus capitais (financeiro, manufaturado, ambiental, humano, intelectual, social e de relacionamento) para transformar a ideia em resultado.

O próximo passo será estabelecer o Termo de Abertura do Projeto (TAP), que tem como principais objetivos:

- autorizar o início do projeto;
- definir os objetivos do projeto e sua ligação com a estratégia da organização;
- estabelecer as expectativas dos *stakeholders*;
- identificar o gerente do projeto e sua autoridade.

Todas as informações que já são conhecidas até esse momento e que serão a base do planejamento do projeto devem ser documentadas no TAP. Ele também deve ser emitido e assinado pelo *sponsor* apesar de, provavelmente, ter sido elaborado pelo gerente do projeto.

Os processos e os questionamentos sobre a VENDA INTERNA de um projeto podem servir de guia para conduzir outras mudanças organizacionais, portanto não deixe de registrar as lições aprendidas e o conhecimento adquirido nesta etapa.

As ações relacionadas com a gestão do conhecimento devem ser constantes durante todo o processo, ao longo de cada etapa (ver também seção 8.3, específica sobre o assunto).

Para saber mais...

GESTÃO DO CONHECIMENTO - Ver seção 8.3. Lições Aprendidas e gestão do conhecimento

5
Diagnóstico

Uma mudança pode ocorrer por revolução, quando se muda radicalmente tudo o que está acontecendo, ou por evolução, quando se parte de um determinado *status quo* estabelecido. A primeira opção normalmente gera resistências, pois despreza o conhecimento adquirido, seja o que as pessoas detêm ou aquele que está documentado em bases históricas, metodologias, relatórios, etc.

Para facilitar o processo de mudança, a evolução é sempre mais bem-vinda, pois as pessoas são ouvidas, se sentem mais respeitadas e, por isso, se comprometem mais facilmente com novos resultados.

O projeto de mudança para implantação do Modelo GES tem seu início efetivo com a etapa de DIAGNÓSTICO, que possui dois grandes objetivos: aprofundar o conhecimento sobre a organização (o negócio e as pessoas) e engajar mais ainda os *stakeholders* já mapeados e identificar novos, fazendo-os pensar em sustentabilidade estrategicamente e nos seus benefícios para a organização, decorrentes de uma aplicação estruturada. O Quadro 6 pode ajudar no entendimento da importância da mudança nesta etapa.

GESTÃO DA MUDANÇA

Na etapa de Diagnóstico, um clima propício para a mudança ainda está sendo criado. Assim, algumas ações iniciadas durante a Venda Interna continuam, mas é nesse momento que surge a oportunidade de começar a envolver um grupo maior de *stakeholders*, atuando de forma colaborativa.

É necessário continuar a amadurecer ações para:

- **construir objetivos comuns e estratégias preliminares para alcançá-los;**
- **sentir e observar o ambiente e as pessoas;**
- **identificar o que pode ser motivo de resistências;**
- **desenvolver uma visão compartilhada da mudança e comunicá-la, incluindo seus benefícios.**

Além de:

- **mapear os novos *stakeholders*;**
- **avaliar as características da cultura organizacional e seus reflexos na mudança;**
- **adequar o ambiente físico para eventos participativos;**
- **avaliar a predisposição do clima para mudanças e seus impactos;**
- **garantir que a equipe de mudança e, principalmente, seu líder estejam presentes integralmente, participando ativamente e não apenas com a presença física.**

Não esquecer de:

- **dar retorno aos envolvidos em relação ao diagnóstico elaborado (devolutiva).**

Quadro 6 – Gestão de mudanças para etapa de DIAGNÓSTICO

Assim, fazer um DIAGNÓSTICO sobre as práticas de sustentabilidade adotadas por uma instituição ajuda no entendimento comum de onde ela está e, assim, será mais fácil determinar aonde ela quer chegar, em um prazo específico. É um período para envolver os diversos níveis hierárquicos da organização, o que ajudará a aprofundar problemas e resistências já identificados na etapa da VENDA INTERNA, mas, também, ajudará a contar com mais *stakeholders* como participantes do projeto, construindo com eles uma visão estratégica compartilhada da mudança.

O DIAGNÓSTICO é uma etapa de grande interação com diversos tipos de colaboradores da organização. Esse trabalho pode ser feito em *workshops* coletivos, entrevistas individuais ou pesquisas automatizadas, também individuais. As informações coletadas podem ajudar a medir o engajamento dos funcionários dos diversos níveis hierárquicos com o tema sustentabilidade e com aspectos culturais da organização. O envolvimento e o conhecimento levam ao comprometimento, que otimiza processos deixando-os mais rápidos, descomplicados e, consequentemente, mais leves e com custo menor.

O DIAGNÓSTICO, sob o ponto de vista de mudança organizacional, deve responder a três questões:

- Como o projeto de mudança para o Modelo GES sustenta missão, visão e valores da organização?
- Que outras mudanças estão ocorrendo na organização que podem demandar atividades das mesmas pessoas?
- O que cada *stakeholder* precisa entender para apoiar o DESENHO da estratégia de mudança?

Para saber mais...

ANÁLISE DE MATURIDADE EM SUSTENTABILIDADE (exemplo de modelo) - Avaliação de impacto B - <https://bimpactassessment.net>

5.1. Análise de Maturidade em Gestão Estratégica de Sustentabilidade (AMGES)

Um DIAGNÓSTICO sobre Gestão Estratégica de Sustentabilidade tem como objetivo principal analisar a maturidade da sua organização em relação às práticas adotadas, conhecimento das pessoas e informações geradas.

Mas maturidade é uma palavra delicada, não?

Dizer que uma organização que existe há 500 anos é imatura pode parecer irresponsável. Porém, ela pode ser supermadura nos seus processos produtivos, mas não em tratar sua sustentabilidade, considerando o cenário global atual. Em geral, a maturidade em qualquer coisa inicia com um nivelamento de conhecimento de todos os envolvidos sobre o assunto, passa pelo uso de processos individuais, metodologias comuns, controle de processos, *benchmarking* até chegar ao nível de melhoria contínua. Ou seja, o objetivo é que todos na organização foquem o assunto da forma mais alinhada possível.

Os processos de certificação relacionados à sustentabilidade são baseados no aumento da maturidade das organizações nos aspectos em que acreditam, já que elas se comprometem com determinadas práticas para regular impactos socioambientais menores, na produção de seus bens e serviços. Os diversos indicadores de sustentabilidade, associados ou não às certificações, assim como os obrigatórios por lei ou por regulamentos setoriais, cumprem o mesmo papel.

As diferentes estruturas que descrevem a sustentabilidade usam nomenclaturas diferentes e dão maior ou menor peso a aspectos diferentes, mas sempre se baseiam no *triple bottom line* (impactos sociais, ambientais e/ou econômicos). Logo, dependendo do segmento em que a organização atua, a estrutura escolhida pode variar, mas, no fundo, uma organização é considerada sustentável se o seu negócio gera impactos sociais, ambientais e/ou econômicos positivos e de forma equilibrada. E não importa a forma como isso é medido! Algumas ferramentas disponíveis gratuitamente podem ajudar na análise de maturidade em sustentabilidade, como, por exemplo, a Avaliação de Impacto B, que se baseia em aspectos relativos à Governança, aos Trabalhadores, à Comunidade e ao Meio Ambiente.

A Análise de Maturidade em Gestão Estratégica de Sustentabilidade (AMGES) da By Conn aqui proposta também tem o objetivo de mapear periodicamente a situação em que a organização se encontra, permitindo o acompanhamento de sua evolução. A AMGES deve avaliar:

- **Cultura organizacional** - Relação com o sistema de valores compartilhados pelos membros da organização em todos os níveis.
- **Gestão de mudanças** - Nível de permeabilidade da organização às mudanças.
- **Sustentabilidade** - Conhecimento sobre sustentabilidade, seus conceitos, atores, padrões, etc.
- ***Stakeholders*** - Crenças, propósitos, valores dos *stakeholders* relacionados à sustentabilidade e sua predisposição para adotar princípios sustentáveis na organização.
- **Gestão estratégica de sustentabilidade** - Nível de adoção da organização de melhores práticas em:

- Impactos
- Materialidade
- Planejamento Estratégico Sustentável
- Gerenciamento de Portfólios Sustentáveis
- Gerenciamento de Programas Sustentáveis
- Gerenciamento de Projetos Sustentáveis
- Gerenciamento de Operações Sustentáveis
- Gestão de Conhecimento para Sustentabilidade

5.2. Levantamento de situação atual

Se a maturidade da sua organização em Gestão Estratégica de Sustentabilidade for baixa, ela pode até não entender muito bem o que ser sustentável significa, mas se iniciou um projeto de mudança para o Modelo GES ela está interessada no assunto. Assim, como já foi explorado, devem ser adotadas as estratégias definidas para os *stakeholders* mapeados até o momento, a fim de que eles continuem contribuindo com a mudança, pois, conhecendo o negócio, em diferentes níveis, colaborarão com análises mais profundas em todas as discussões. O uso de dinâmicas, assim como de um ambiente que incentive a participação e a colaboração, é essencial, ajudando os *stakeholders* a se perceberem como coautores do processo e a se engajarem cada vez mais.

Com a ajuda deles, o próximo passo é entender se a organização já desenvolveu um planejamento estratégico e se ele já é sustentável. Ele deve refletir os propósitos e objetivos da organização, ou seja, o que ela quer fazer e aonde quer chegar, em um determinado período. O planejamento estratégico sustentável será a base para escolha de ações a serem executadas, mensuradas e controladas. É importante saber, no final do período definido, se a estratégia produziu os resultados esperados, que serão "tangibilizados" a partir de indicadores-chave. Por isso o alinhamento de todos os *stakeholders* é fundamental.

Todos devem trabalhar caminhando na mesma direção, todo o tempo!

Os *stakeholders* também ajudarão a identificar se já se conhecem:

- **dores** – O que incomoda a organização e o que a impacta;
- **ganhos** – Quais as vantagens e melhorias que a organização deseja e precisa alcançar;
- **missão** – Objetivo fundamental da organização, para que ela existe e o valor que agrega a todos os *stakeholders*;
- **visão** – Aonde a organização quer chegar, alinhada com a missão.

Caso essas informações só existam na cabeça dos executivos, elas deverão ser estruturadas para reposicionar todos os *stakeholders* no mesmo ponto de vista sobre a organização. Mas somente ter um planejamento estratégico tradicional muito bem feito não garante o entendimento do que é relevante em termos de sustentabilidade. E pode direcionar para ações incorretas, com gastos financeiros e utilização de recursos equivocadamente.

É fundamental que o planejamento estratégico seja sustentável! Mas se não o for, uma de suas missões será alterá-lo.

5.2.1. Análise de impactos ambientais, sociais e econômicos

Uma forma interessante de iniciar a sistematização do conhecimento dos *stakeholders* sobre sustentabilidade é analisando os impactos ambientais, sociais e econômicos, positivos e negativos, produzidos pela organização. Associando o valor agregado (produtos e serviços) a todos os recursos necessários, é possível conhecer honestamente todos os impactos que o seu negócio gera atualmente. Para melhor identificá-los, é importante escolher a estrutura de sustentabilidade mais adequada para a sua organização. Caso ainda não tenha certeza de qual é a melhor, inicie usando os Objetivos de Desenvolvimento Sustentável (ODSs). Eles são bem estruturados e fáceis de entender. Depois, caso precise reportar informações em outra estrutura, não será difícil fazer a correlação entre ela e os ODSs, já que são baseados no *Triple Bottom Line*.

É, portanto, primordial que os *stakeholders* envolvidos neste processo já conheçam como funcionam as estruturas de sustentabilidade, ou que sejam treinados antes da análise de impactos.

Para entender como tudo isso acontece na prática, a organização Rede de Restaurantes ABC será utilizada como exemplo em todo o livro. Considere que ela fornece refeições diariamente e escolheu usar a estrutura dos ODSs para definir e acompanhar sua sustentabilidade e a estrutura do Relato Integrado (RI) para divulgação de seus resultados. O Quadro 7 apresenta um exemplo de como os seus impactos sociais, ambientais e/ou econômicos podem ser analisados de forma preliminar.

ORGANIZAÇÃO		REDE DE RESTAURANTES ABC							
ATIVIDADE DA ORGANIZAÇÃO		ALIMENTAÇÃO							
Valor agregado aos *stakeholders*		Recursos		Impacto		Riscos consequentes		Estrutura de sustentabilidade	
Produto ou serviço principal	Subprodutos	Tipo	Internos ou externos	Positivo	Negativo	Descrição	Valor	ODS	IR - Tipo de capital
Refeição	Resíduos sólidos	Cozinha	Interno		Desgaste nas instalações	Cozinha parada para manutenção	R$ 100.000/dia	ODS12: Consumo e Produção Responsáveis	Manufaturado
		Insumos	Externo		Aumento da geração de resíduos sólidos			ODS12: Consumo e Produção Responsáveis	Natural
		Receitas	Interno		Falta de preocupação com produção responsável	Perda de clientes	R$ 5.000/mês	ODS12: Consumo e Produção Responsáveis	Intelectual
		Energia	Externo		Consumo de energia não renovável	Aumento de custo em épocas de estiagem	R$ 20.000/mês	ODS7: Energias renováveis	Natural
		Funcionários	Interno		Falta de motivação por questões salariais e falta de treinamento	Aumento de rotatividade	R$ 15.000/mês	ODS8: Empregos dignos e crescimento econômico ODS4: Educação de qualidade	Humano
		Clientes	Externo		Clientes desperdiçam descartáveis e alimentos	Aumento de custo com descarte	R$ 45.000/mês	ODS12: Consumo e Produção Responsáveis	Social e de relacionamento
		Fornecedores	Externo	Fornecedores entregam no prazo	Falta de preocupação com produção responsável	Custo com troca de fornecedores	R$ 2.000/mês	ODS12: Consumo e Produção Responsáveis	Social e de relacionamento
		Investimentos	Interno	O lucro obtido é reinvestido na organização e pago aos sócios	Funcionários não têm participação nos lucros			ODS8: Empregos dignos e crescimento econômico	Financeiro

Quadro 7 – Análise de impactos sociais, ambientais e/ou econômicos da Rede de Restaurantes ABC

Atenção:

Nesta etapa, a maioria das organizações já começa a identificar que tem gasto tempo e dinheiro com projetos e ações que não têm relação com a sua materialidade, pois ela não tinha sido identificada e, consequentemente, o seu planejamento estratégico não estava alinhado com ela.

5.2.2. Identificação de materialidade

É possível que, mesmo sem perceber, a sua organização gere impactos em relação a diferentes dimensões da sustentabilidade e que eles tenham pesos diferentes para ela.

Portanto é preciso conhecer quais os impactos que mais ajudam ou atrapalham o seu negócio. Ou seja, os mais relevantes!

A identificação da materialidade vai ajudá-lo nessa tarefa. A materialidade é a representação dos impactos sociais, ambientais e/ou econômicos, positivos (oportunidades) ou negativos (ameaças), mais importantes que a organização pode gerar para si mesma ou para outros *stakeholders* (clientes, acionistas, investidores, sócios, colaboradores, terceiros, fornecedores, reguladores, comunidades, etc.). A materialidade influencia decisões de investimento em curto, médio e longo prazo e, por isso, deve ser priorizada. Além disso, se o planejamento estratégico tradicional não for integrado a ela (Figura 19), sua organização pode gerar muito lucro em curto prazo, mas ser totalmente insustentável em longo prazo.

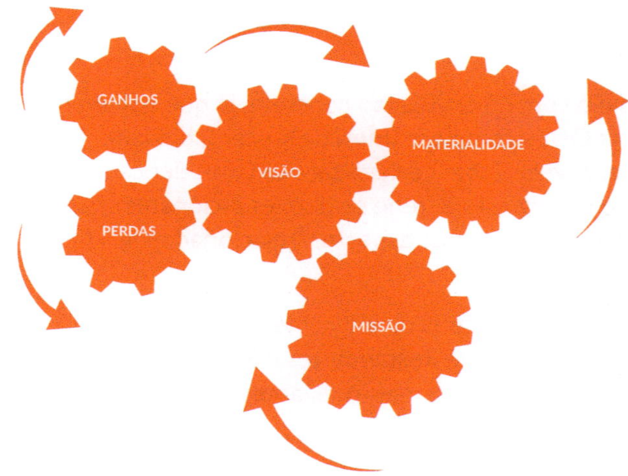

Figura 19 - Integração estratégica

Em curto ou médio prazo, ser insustentável pode levar uma organização a perder clientes, ser barrada como fornecedora em processos de contratações, ser preterida por investidores, não conseguir matéria-prima, etc., somente para citar algumas consequências.

Então é preciso que todos os *stakeholders* conheçam a materialidade da organização!

Pode-se começar escolhendo um número reduzido de tipos de impactos, para que o grupo se familiarize com eles. Por exemplo, pode-se iniciar votando em cinco tipos de impactos, de acordo com a estrutura de sustentabilidade escolhida, e, na medida

Atenção:

O exemplo da Rede de Restaurantes ABC não contempla um modelo completo, mas somente algumas situações que exemplificam de forma simples o entendimento dos conceitos.
Ver Anexo 2.

em que o processo seja absorvido pelos participantes, pode-se aumentar o número de tipos de impactos considerados.

Fazendo um paralelo com uma situação concreta, já que a Rede de Restaurantes ABC escolheu usar ODSs como estrutura de sustentabilidade, o ODS12 - Consumo e Produção Responsáveis - com certeza será um dos elencados, já que o seu negócio talvez não consiga ser perene se houver racionamento de insumos no planeta. Mas podem existir outros aspectos, relacionados aos ODSs, que também são importantes.

Algumas perguntas sobre os tipos de impactos escolhidos relacionados ao ambiente do negócio (no caso da Rede de Restaurantes ABC, os ODSs) podem ter pesos diferentes e ajudam a priorizar os mais relevantes, como, por exemplo:

- O tipo de impacto (ODS) contribui para a implantação da sua estratégia ou reforça valores da organização?
- Ele já é mencionado como importante para seus *stakeholders*?
- Ele é um desafio futuro para o seu setor, sendo já discutido pelos seus pares?
- Ele está relacionado a alguma regulação estratégica (leis, regulamentos ou acordos)?
- Ele contribui para um risco significativo (oportunidade ou ameaça)?
- É reconhecido pelos cientistas como um risco para a sustentabilidade?
- Sua organização tem competência para trabalhar esse impacto?

Pontuando os tipos de impactos, priorizando-os e entendendo a sua importância, a organização terá certeza de que aspectos da sustentabilidade suportarão todo o trabalho a ser feito por ela. Com a estrutura de sustentabilidade escolhida para sua definição, acompanhamento (ODS) e divulgação de resultados (Relato Integrado – RI), todos os *stakeholders* poderão ter uma visão clara da materialidade da organização. No Quadro 8, a materialidade escolhida, base para os indicadores que poderão nortear iniciativas (projetos, programas e ações) e ser rastreados de forma transparente ao longo de todo o seu ciclo de vida, é apresentada.

MATERIALIDADE			
ESTRUTURA ESCOLHIDA PARA ACOMPANHAMENTO DE SUSTENTABILIDADE			ESTRUTURA ESCOLHIDA PARA RELATÓRIO DE SUSTENTABILIDADE
Objetivos de Desenvolvimento Sustentável			Relatórios Integrados
ODS - Descrição	Meta do ODS	Indicador do ODS	Tipo de Capital
ODS12. **Assegurar padrões de produção e de consumo sustentáveis**	12.3. **Até 2030, reduzir pela metade o desperdício de alimentos *per capita* mundial, nos níveis de varejo e do consumidor, e reduzir as perdas de alimentos ao longo das cadeias de produção e abastecimento, incluindo as perdas pós-colheita**	**Índice de redução de resíduos sólidos produzidos**	**Capital natural**
	12.5. **Até 2030, reduzir substancialmente a geração de resíduos por meio da preservação, redução, reciclagem e reúso**	**Índice de redução de resíduos sólidos descartados**	

Quadro 8 – Materialidade e estrutura de sustentabilidade

Os indicadores de redução de resíduos sólidos produzidos e de redução de resíduos sólidos descartados serão os norteadores de tudo o que a organização fizer em termos de sustentabilidade. Ao final do período de tempo para o qual a materialidade foi avaliada, os indicadores deverão ser atingidos e reportados em relatórios integrados, demonstrando eventuais alterações no capital natural da organização.

5.3. Formalizando o diagnóstico de mudança para o Modelo GES

Durante a etapa de **DIAGNÓSTICO** é importante estabelecer um canal de comunicação para o projeto de mudança para o Modelo GES, como, por exemplo, uma rede social interna onde as dúvidas possam ser esclarecidas e novas contribuições possam ser apresentadas, independentemente de um encontro presencial. É importante terminar o **DIAGNÓSTICO** formalizando o que foi identificado para que todos estejam alinhados para as etapas a seguir. As informações contidas no diagnóstico devem ser disponibilizadas em uma devolutiva, que pode ser uma apresentação presencial, um vídeo, um relatório simplificado ou vídeo explicativo.

6
Desenho

Por melhor que tenha sido elaborado, um bom DIAGNÓSTICO só mostrará o que a sua organização já faz. Portanto, você precisa usá-lo como base para desenhar qual será a melhor solução para o caminho da sua organização em direção à sustentabilidade. O Modelo GES deve ser customizado para que seja útil sem ser burocrático.

O período em que a etapa DESENHO é desenvolvida pode ser aproveitado para ações de apoio à gestão de mudanças, como parte da comunicação e consolidação da visão da mudança. A comunicação estruturada ao longo deste período será muito útil para manter os *stakeholders* envolvidos com o projeto, não permitindo que se "desliguem" do tema. As ações de comunicação devem comtemplar o que cada *stakeholder* precisa saber sobre a mudança. Ações genéricas nem sempre geram bons resultados, como pode ser verificado no Quadro 9.

GESTÃO DA MUDANÇA

Em paralelo à customização do modelo a ser implantado, há a preparação de um clima adequado para as mudanças engajando os colaboradores, o que pode ser feito a partir de ações como:

- **persistir na comunicação da visão de mudança e de seus benefícios.**

E ainda:

- **monitorar a percepção da visão do que será a mudança;**
- **elaborar um plano estratégico de gestão de mudanças com ações integradas às do plano de gerenciamento do projeto de mudança para o Modelo GES;**
- **utilizar um processo participativo, sempre que possível;**
- **envolver as pessoas a partir de ações concretas, atribuindo papéis e responsabilidades na presente etapa;**
- **planejar treinamentos e desenvolvimento pessoal;**
- **definir indicadores para a avaliação de prontidão para a mudança;**
- **garantir a presença integral da equipe de mudança e, principalmente, de seu líder participando ativamente e não apenas com a presença física;**
- **comunicar o resultado da etapa e o cronograma de implantação.**

Quadro 9 – Gestão de mudanças para a etapa de DESENHO

O DESENHO da estratégia para alcançar a sustentabilidade que será proposto para a organização nesta fase deverá considerar: “quem ganha o quê” e “quem perde o quê”. Esses efeitos precisam ser tratados ao longo da execução do projeto. Ignorá-los pode desmotivar os colaboradores.

O objetivo principal é a mudança de consciência dos envolvidos, e, para isso, é fundamental atuar nas dimensões humana e cultural, que abordam identidade e relações, porém amparadas por ações relacionadas à dimensão técnica, como estrutura, processos e recursos.

A mudança proposta gera impactos em diversas áreas, o que requer ações para que a transição seja facilitada. Os impactos são observados em todos os níveis da organização: operacional, tático e estratégico.

As mudanças culturais podem ser "tangibilizadas" em ações e processos, como listados a seguir (SOARES, 2013):

- **recursos** – Espaço físico (tipos de sala e mobiliário), equipamentos (individuais ou compartilhados), remuneração, etc.;
- **processos** – Integração e interfaces; padrão de formatação das informações, prazos, produtividade, custo, controles e relatórios, etc.;
- **estrutura** – Tamanho da estrutura organizacional; carga horária; movimentação de pessoas (mudança de cargo); atribuições e responsabilidades; alçada de decisões e aprovações; definição de novas áreas e níveis hierárquicos;
- **relações** – Relacionamento entre áreas, colaboradores, fornecedores e outras partes interessadas; mecanismos de relacionamento, incluindo parcerias, ferramentas, planejamento e avaliações;
- **cultura** – Comportamentos valorizados e não tolerados; atividade da organização; ambiente de trabalho; processo decisório; tratamento de riscos e erros; comunicação e exercício de liderança;

Para saber mais...

<http://www.agentesdamudanca.com.br/>
SOARES, K. A transição na gestão de mudança: o que preciso mudar em mim para que o outro mude? São Paulo: Barany, 2013

- **identidade** – Diretrizes organizacionais; missão, visão e valores; estratégias.

Nesta etapa é importante que a interação constante entre integrantes do projeto e colaboradores dos diversos níveis hierárquicos da organização permaneça.

6.1. Revisão de planejamento estratégico

A redefinição do planejamento estratégico, tornando-o sustentável, vai nortear todas as ações nas quais a organização mobilizará seus recursos, operacionais ou não, para maximizar impactos socioambientais positivos e minimizar negativos.

A sua organização tem que criar uma cultura de gerenciar resultados... sustentáveis.

Para saber mais...

OBJETIVOS-CHAVE – OKR CASTRO, F. O que é OKR. <https://felipecastro.com/pt-br/okr/o-que-e-okr/>.

A definição dos objetivos estratégicos, ou objetivos-chave, deve representar o que é crítico para o sucesso da organização e precisa ser alcançado. Para que se tenha certeza de que um objetivo estratégico será medido, acompanhado e terá seu resultado atingido, ele deve ter um ou mais indicadores associados, com metas definidas e iniciativas que farão tudo isso acontecer.

Como em qualquer modelo a ser escolhido para qualquer finalidade, a decisão de como gerenciar o planejamento estratégico, sustentável ou não, deve levar em conta as características da organização, o modelo de negócios, a estrutura organizacional, os riscos envolvidos, os *stakeholders* disponíveis para participação na gestão, etc. Conscientizar toda a organização sobre a importância de planejar e acompanhar todos os objetivos estratégicos é essencial. Adequar o modelo escolhido também colaborará para melhores resultados no seu uso.

Os modelos para definição e acompanhamento de um planejamento estratégico tradicional nas organizações procuram auxiliar o alinhamento entre missão, visão, objetivos estratégicos tradicionais e ações priorizadas, com mais ou menos detalhe, dependendo da agilidade necessária. Se a organização está no seu caminho para a sustentabilidade, o modelo a ser utilizado também deve permitir acompanhar os resultados sustentáveis.

O modelo ideal para uma organização tem que garantir o uso efetivo dos recursos organizacionais no alcance dos objetivos estratégicos tradicionais e dos sustentáveis.

Entre os diversos modelos mais usados atualmente, podemos citar o *Balanced Scorecard* (BSC) e, mais recentemente, o *Objective Key Results* (OKR). A diferença básica entre eles está na abordagem mais estruturada, ou genérica, em relação a detalhamento e classificação de iniciativas e de resultados esperados, assim como em relação à periodicidade obrigatória de acompanhamento.

Utilizado pelas organizações que fazem parte de mercados altamente inovadores, que mudam com muita frequência e procuram metodologias mais ágeis, o OKR propõe a associação de poucos objetivos estratégicos chave às iniciativas (milestones) ou aos resultados (valor) de forma concisa, simples de ser comunicada, facilitando o foco da equipe, com revisão pelo menos a cada trimestre. Já o BSC baseia decisões estruturando objetivos estratégicos, indicadores de desempenho, metas e iniciativas em ao menos quatro perspectivas:

Conceito:

BSC - Balanced Scorecard
Ferramenta de apoio a decisões estratégicas de uma organização, com base em indicadores quantificáveis e verificáveis contemplando as dimensões: financeiros, clientes, processos internos e aprendizagem e crescimento.

Conceito:

PROJETOS E PROGRAMAS
Ver Anexo 4 – Glossário

financeira, de clientes, de processos internos e de aprendizagem e crescimento. Para ser efetivo, qualquer modelo deve acompanhar as mudanças do ambiente, cada vez mais frequentes para adequar sua estratégia a tempo de alterar as alocações de recursos nas ações.

No Modelo GES, o BSC foi escolhido como ferramenta para gerenciamento do planejamento estratégico sustentável por ser mais estruturado e, como foi dito anteriormente, por permitir mais fácil adequação de acordo com as necessidades da organização para a sustentabilidade.

Uma das correntes sobre como adaptar o BSC para focar a sustentabilidade defende a definição de novas perspectivas, relacionadas aos impactos ambiental e social. No entanto, o Modelo GES propõe fazer um cruzamento transversal das perspectivas do BSC com a estrutura de sustentabilidade (Sistema B, ODSs, GRI, IIRC, ISE, DJSI, etc.) escolhida pela organização, considerando a materialidade identificada. Acredita-se que, dessa forma, será mais fácil a correlação entre as perspectivas socioambientais com as tradicionais. Assim, os objetivos estratégicos sustentáveis também serão gerenciados pela organização da mesma forma que os tradicionais.

Atenção:

Existem diversas formas diferentes para alcançar um mesmo resultado!

6.2. Definição dos indicadores

Os indicadores de sustentabilidade, também chamados de *Key Sustainability Indicators* (KSI), são a chave para que as iniciativas (projetos, programas e ações) considerem os impactos socioambientais, além dos econômicos. Eles demonstrarão como os objetivos estratégicos sustentáveis que a organização quer alcançar serão medidos e acompanhados de forma tangível, transparente e rastreável.

Todo indicador deve ser SMART e, para que o objetivo estratégico seja sustentável, pelo menos um dos seus indicadores deve estar associado à estrutura de sustentabilidade (KSI) escolhida pela organização. Definido o indicador, ele deve ter uma meta que demonstrará o nível de desempenho ou a taxa de melhoria a ser alcançada. Só depois desse processo finalizado e entendido por todos é possível sugerir ideias para as ações a serem desenvolvidas. Dessa forma, todas as iniciativas já nascerão com a avaliação de necessidade de associação direta à sustentabilidade ou não.

Para entender melhor, considere que a Rede de Restaurantes ABC definiu, como objetivo estratégico tradicional, reduzir 10% do seu custo operacional, e o ODS 12 – Assegurar padrões de produção e consumo sustentáveis – foi identificado como relevante na sua materialidade. A organização pode optar por alcançar a meta do seu indicador de redução de custo operacional realizando uma ação de renegociação de contratos com fornecedores para torná-los mais baratos, o que pode afetar a qualidade de produtos e serviços entregues por eles. Por outro lado, a organização também quer contribuir com o alcance da meta 12.5 - até 2030, reduzir substancialmente a geração de resíduos por meio da prevenção, redução, reciclagem e reúso. Logo, ela pode definir um objetivo estratégico sustentável de reduzir descarte de resíduo sólido associado ao objetivo estratégico tradicional de diminuir o custo operacional e acompanhar os dois com o uso do BSC Sustentável (BSCSus), como apresentado no Quadro 10. Os indicadores de redução de resíduos sólidos gerados e de redução de resíduos sólidos descartados deverão ter ideias de iniciativas atreladas a eles, para que possam ser alcançados.

Conceito:

SMART
S - *Specific* (específico)
M - *Measureable* (mensurável)
A - *Achieveable* (atingível)
R - *Realistic* (realista)
T - *Time bounded* (limitado pelo tempo)

Atenção:

No mapa estratégico, os indicadores que representam a materialidade têm que estar presentes, associados aos objetivos estratégicos sustentáveis, a metas e iniciativas.

BSC SUSTENTÁVEL				
PERSPECTIVAS	OBJETIVOS ESTRATÉGICOS TRADICIONAIS	OBJETIVOS ESTRATÉGICOS SUSTENTÁVEIS	FORMA DE MEDIÇÃO	
		ODS 12 - PRODUÇÃO E CONSUMO SUSTENTÁVEL	INDICADORES	METAS
FINANCEIRA	01 - Reduzir custo operacional		KPI - Índice de redução de custo operacional Fórmula 1	10% em 1 ano
CLIENTES	02 - Aumentar seguidores em redes sociais		KPI - Índice de aumento de seguidores em redes sociais Fórmula 2	45% em 1 ano
			KPI - Índice de aumento de seguidores em redes sociais Fórmula 2	5% em 1 ano
PROCESSOS		03 - Reduzir descarte de resíduo sólido (Meta 12.3 - ODS 12)	KSI - Índice de redução de resíduo sólido produzido Fórmula 3	20% em 1 ano
			KSI - Índice de redução de resíduo sólido produzido Fórmula 3	12% em 1 ano
			KSI - Índice de redução de resíduo sólido produzido Fórmula 3	2% em 1 ano
APRENDIZADO E CRESCIMENTO			KPI - Índice de cozinheiros da rede capacitados Fórmula 4	100% em 1 ano
			KPI - Quantidade de profissionais formados em reciclagem Fórmula 5	15 em 1 ano

BSC SUSTENTÁVEL					
INICIATIVAS (ideias para projetos, programas ou ações)				IMPACTOS A SEREM GERADOS PELAS AÇÕES	
CURTO PRAZO	MÉDIO PRAZO	LONGO PRAZO	TIPO DE CAPITAL AFETADO	IMPACTO POSITIVO	IMPACTO NEGATIVO
	Fornecimento de refeições com menor custo Campanha de marketing digital		Capital financeiro Capital social e de relacionamento	Cardápio mais barato Novos seguidores digitais	
Desenvolvimento de site, Facebook, Instagram e Twitter			Capital social e de relacionamento Capital intelectual	Seguidores espontâneos em redes sociais desenvolvidas Especialistas em mídias sociais	
	Pesquisa de novas receitas		Capital intelectual Capital natural	Novas receitas mais baratas Redução de produção de resíduo sólido	
		Processo para reciclagem de resíduos sólidos	Capital natural	Redução de descarte de resíduo sólido por processo estruturado	
		Estruturação de cooperativa de reciclagem	Capital social e de relacionamento	Recicladores empregados	
	Capacitação de cozinheiros		Capital humano	Pessoas capacitadas em novas receitas	
	Formação de recicladores		Capital humano	Pessoas capacitadas em reciclagem de resíduo sólido	

Quadro 10 – *Balanced Scorecard* Sustentável (BSCSus) – Exemplo

Mas não se esqueça de que o mundo muda! O mercado muda! Os clientes mudam! E os colaboradores também!

Consequentemente, a estratégia definida pode mudar, assim como o cenário considerado. Portanto, não entre no piloto automático. Revise o plano estratégico periodicamente, corrigindo a rota de sua organização quando necessário, e aprenda com ele. Reuniões de revisão de estratégia objetivam a checagem periódica dos cenários em que a organização opera, resultando em revisão, inclusão ou eliminação de objetivos estratégicos, tradicionais e sustentáveis, definidos anteriormente.
E o BSCSus vai ajudá-lo muito nesse processo.

6.3. Escritório de Gestão Estratégica de Sustentabilidade (EGES)

Atenção:

Procure especialistas no assunto sustentabilidade. Não se fixe em somente um tipo de conhecimento. Ambientalistas podem esquecer os impactos sociais. Ativistas sociais podem esquecer os impactos econômicos. Economistas podem esquecer os impactos sociais e ambientais.

A função de apoiar a estratégia de geração de valor de acordo com a Gestão Estratégica de Sustentabilidade que uma organização quer e pode ter deve ser exercida com o máximo de profissionalismo e responsabilidade. Ela engloba:

- **alinhamento de toda a organização** – Integração de processos, critérios para tomada de decisão, orçamento, responsabilidades de *stakeholders*, alocação de recursos, geração de benefícios, etc.;
- **gerenciamento de riscos** – Processos, alarmes, interdependência, escalação e acompanhamento de KRIs, etc.;

- **desempenho** – Acompanhamento de KPIs e KSIs, mudanças, ações preventivas e corretivas, otimização de recursos, distribuição de benefícios, etc.;
- **comunicação** – Engajamento de *stakeholders*, gerenciamento de mudanças, marketing externo e interno, planos integrados, etc.

Uma diretoria, uma gerência, uma coordenação, um grupo de trabalho ou mesmo uma única pessoa dentro da instituição pode assumir a responsabilidade de implementar e manter a Gestão Estratégica de Sustentabilidade, configurando, entre outras opções, uma área funcional denominada Escritório de Gestão Estratégica de Sustentabilidade (EGES). E podemos chamar essa iniciativa, entre outras opções, de Escritório de Gestão Estratégica de Sustentabilidade (EGES). O que vai determinar a quantidade de pessoas envolvidas no EGES é o nível de maturidade que a organização tem em relação à sustentabilidade e a quantidade de trabalho a ser realizado. A alocação em tempo total ou parcial também depende dos mesmos fatores. Se a organização é pequena, com equipes enxutas, as funções de um EGES podem ser acrescentadas a outras que uma pessoa já executa. Mesmo de forma mais ágil e produzindo resultados menos detalhados, é importante que a responsabilidade pela Gestão Estratégica de Sustentabilidade na organização exista de forma clara para todos, com papéis, processos, níveis de acesso a informações, etc. Quando a estrutura funcional da organização tem muitos níveis hierárquicos, a integração do EGES com outras estruturas de governança pode ser necessária, como, por exemplo, com escritórios de gerenciamento de portfólios/programas/projetos, contabilidade, controladoria, marketing, etc.

Em um estágio inicial em que a instituição ainda procura entender como ser sustentável, tem sido muito comum a criação de uma gerência de sustentabilidade, que trabalha de forma ainda isolada, procurando os caminhos para geração de impactos socioambientais positivos. Muitas vezes a falta de integração dessa estrutura com outras áreas faz com que os colaboradores não saibam qual a sua verdadeira função. A dificuldade de diálogo, especialmente comum, com a área financeira traz empecilhos para a valoração de iniciativas para sustentabilidade, barrando caminhos para aumento de maturidade. Mais uma vez, fica claro que o envolvimento dos *stakeholders* desde o início do projeto de mudança para o Modelo GES pode torná-lo mais efetivo.

No outro extremo do ciclo de maturidade, quando uma organização já tem a sustentabilidade "no seu DNA" - pois já conhece o assunto, usa metodologias para aplicá-la, mede resultados e procura melhoria contínua –, o EGES acaba tendo a função mais focada na integração porque cada colaborador ou área já sabe o que deve fazer.

É muito importante escolher a pessoa que desempenhará o papel de líder no EGES, pois ela deve ter, além de conhecimento, paixão pelo assunto. As habilidades apresentadas na Figura 20 não podem ser esquecidas, já que a obtenção de resultados do trabalho deverá ocorrer de forma transversal em toda a organização.

HABILIDADES INTERPESSOAIS

Liderança, comunicação, negociação, trabalho em equipe, gestão de mudanças, gestão de conhecimento, relação com fornecedores, investidores, conselho de administração, etc.

SUSTENTABILIDADE

Impactos sociais, ambientais e econômicos, certificação, legislação, investimentos, estruturas de sustentabilidade, tipos de relatórios, etc.

GERÊNCIA GERAL

Finanças, planejamento estratégico, contabilidade, tecnologia da informação, jurídico, *compliance*, etc.

Figura 20 – Habilidades do líder do Escritório de Gestão Estratégica de Sustentabilidade (EGES)

6.4. Revisão dos portfólios de programas e projetos

6.4.1. Portfólios sustentáveis

Um portfólio tradicional é um conjunto de programas e projetos gerenciados para atingir objetivos estratégicos, tradicionais e sustentáveis. Os resultados do portfólio tradicional dependem exclusivamente dos resultados dos programas, projetos e operações que o compõem, que podem ser totalmente independentes ou não.

Para saber mais...

GERENCIAMENTO DE PORTFÓLIO
PMI. The standard for portfolio management. Newtown Square: Project Management Institute, 2017.

Um portfólio sustentável, além de ter todas as características de um portfólio tradicional, deve gerar resultados que também sejam sustentáveis. Eles devem ser tangíveis, confiáveis e rastreáveis, para que possam ser comunicados para qualquer público, em qualquer formato, em qualquer momento. E isso só é possível através da ligação do portfólio sustentável com o planejamento estratégico sustentável.

Quando os resultados finais de um projeto ou programa, ou as alternativas para o seu desenvolvimento, não forem sustentáveis, a sua avaliação antes da sua aprovação tem que ter considerado alguma estrutura sustentável. Isso quer dizer que se o projeto ou programa não gerar algum tipo de impacto socioambiental positivo, ele tem que ter uma justificativa para isso. A lógica, então, passa a ser inversa. A sustentabilidade não é uma exceção, mas um dos critérios para aprovação de tudo o que vai ser realizado na organização, como forma de diminuir sua vulnerabilidade, aumentar probabilidade de perenização e sua valoração. Em termos práticos, os objetivos estratégicos sustentáveis passam a ter pesos, menores, iguais ou maiores, que os dos objetivos estratégicos tradicionais na escolha de como o orçamento vai ser gasto.

A Rede de Restaurantes ABC tem objetivos estratégicos tradicionais, como reduzir custo em 10% e aumentar seguidores em redes sociais em 50%, além do objetivo estratégico sustentável de reduzir produção e descarte de resíduo sólido em 20%. Note que reduzir descarte de resíduo sólido contribui para a redução de custos, já que evita custos de manipulação, armazenamento e destinação adequada. Mas o inverso não é verdadeiro. Assim, se a Rede de Restaurantes ABC não definir um objetivo estratégico sustentável, relacionado à estrutura de sustentabilidade escolhida, ela pode reduzir seus custos de forma totalmente insustentável.

Logo, como o O3 - redução de produção e descarte de resíduo sólido em 20% -, relacionado ao ODS 12, foi identificado como objetivo estratégico sustentável, ele também deve configurar um dos critérios para a escolha de programas e projetos dos portfólios. Suponha que os colaboradores sugeriram uma ideia para reciclar resíduos sólidos e outra para elaborar novos pratos a partir de novas receitas aproveitando as partes não utilizadas em receitas tradicionais como cascas, caules e sementes de vegetais. Fica claro que essas sugestões podem ajudar a organização a colaborar com parte do alcance da meta global 12.5 - até 2030, reduzir substancialmente a geração de resíduos por meio da prevenção, redução, reciclagem e reúso. Elas também contribuirão para o objetivo estratégico tradicional 01 - redução de custo operacional em 10% -, já que o volume de produção e descarte de resíduos será menor e os insumos utilizados nas receitas terão melhor aproveitamento.

Portanto, você pode ser sustentável e reduzir custo, o que aumentará o seu lucro!

A Figura 21 mostra como isso pode acontecer na Rede de Restaurantes ABC.

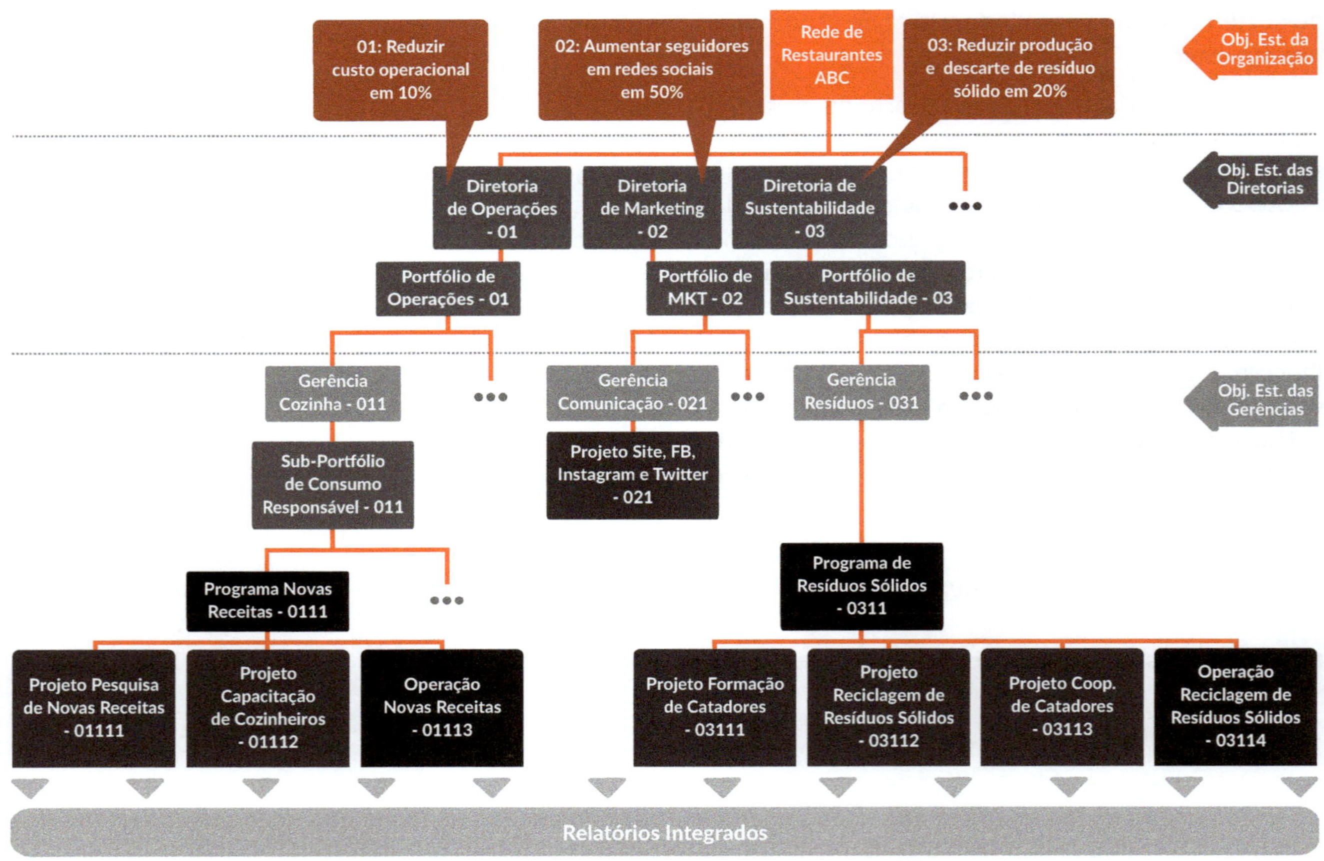

Figura 21 – Transformando estratégia sustentável em resultados – Exemplo

Um estudo de viabilidade financeira efetivamente desenvolvido, usando modelos dinâmicos para cálculo do *Sustainable Return of Investment* (SROI) das ideias antes da sua aprovação, usando por exemplo fluxo de caixa descontado, pode demonstrar que programas e projetos do portfólio gerarão lucro em médio ou longo prazo, garantindo melhores condições para perenização e valoração da sua organização.

No seu dia a dia, você deve ouvir várias pessoas dizendo: "seria ótimo se fizéssemos tal coisa..." ou "por que estou fazendo isso?". Isso acontece quando todos os *stakeholders*, ou seus representantes, não participam colaborativamente da composição dos portfólios da organização. Dependendo do seu tamanho, processos para escolha de programas e projetos podem ser tradicionais, ágeis ou híbridos, ou variando desde a tomada de decisão com procedimentos complexos, diversos níveis de aprovação e uso de aplicativos automatizados até em simples reuniões, usando folhas de *flipchart* e *post-its*.

O que realmente importa é:

- ouvir quem pode fornecer boas ideias;
- escolher ideias que atinjam os objetivos estratégicos tradicionais e sustentáveis;
- deixar claro por que algumas ideias estão sendo escolhidas;
- ter consciência de que ideias rejeitadas em um determinado exercício não são necessariamente ruins e, por isso, podem ser adiadas para desenvolvimento posterior;
- não esquecer que boas ideias precisam de apoio executivo (*sponsor*);

Para saber mais...

SROI

FGV EAESP. Guia para Implementação do ROI de Sustentabilidade. FGVces [Centro de Estudos de Sustentabilidade], fev. 2018. <http://mediadrawer.gvces.com.br/publicacoes-2/original/guia_roi2018_fgv_giz_emm_dupla.pdf>.

Atenção:

Na coleta de ideias, os indicadores que representam a materialidade têm que estar associados aos benefícios que uma ideia irá gerar para o negócio (justificativa para o negócio).

- saber que boas ideias podem virar péssimos resultados se não forem bem gerenciadas.

O Modelo GES propõe que o portfólio sustentável de programas e projetos seja também orientado por objetivos estratégicos sustentáveis, além dos tradicionais. A Figura 22 mostra o ciclo de vida da gestão de um portfólio sustentável e sua interdependência com outras fases do ciclo de vida do Modelo GES.

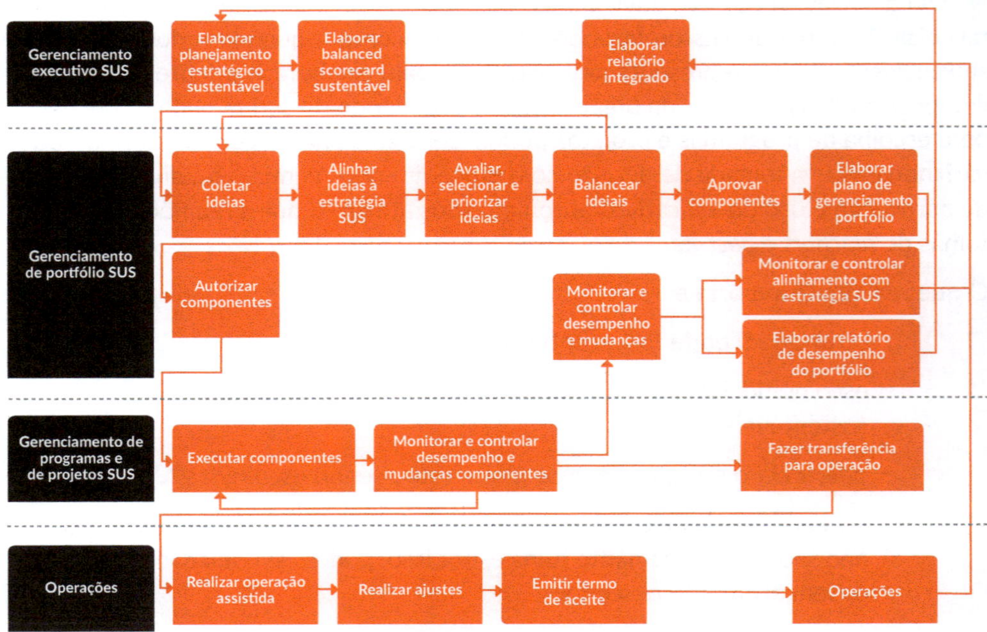

Figura 22 – Gerenciamento de Portfólio Sustentável

A maioria dos colaboradores tem ideias para melhorar resultados da organização. E algumas delas, com certeza, são ótimas ideias que não podem ser desprezadas. Por isso, o primeiro passo do gerenciamento de portfólio sustentável é recebê-las e armazená-las com o máximo de informações possível, como:

- cenário onde surgiu a ideia;
- objetivo;
- descrição dos benefícios qualitativos e quantitativos que serão alcançados;
- objetivos de desenvolvimento sustentável com os quais a ideia contribuirá de acordo com a materialidade;
- informações sobre questões técnicas;
- informações sobre *stakeholders* envolvidos, prazos, recursos necessários, nível de qualidade, riscos conhecidos, contratações/parcerias necessárias, custos, etc.;
- documentações existentes.

O processo de documentar uma ideia fará com que o solicitante reflita sobre ela antes de enviá-la como candidata à implementação. O Modelo GES propõe que qualquer ideia, mesmo aquela em fase comercial, que esteja sendo proposta a um cliente interno e/ou externo, seja submetida à avaliação. Isso permitirá sua análise e comparação com outras ideias antes de sua possível aprovação.

A coleta de ideias pode acontecer ao longo do ano, em um processo contínuo. O ideal é que as ideias armazenadas sejam avaliadas logo após a organização revisar seu planejamento estratégico sustentável, base para a escolha daquelas que serão executadas. Normalmente, os dois processos ocorrem pelo menos uma vez por ano, ou de acordo com alguma mudança considerável no cenário em que a organização atua.

Já que é desejável ter ideias voltadas para sustentabilidade, é importante que aqueles que as sugerem conheçam o assunto e que haja informações para seu registro. A materialidade é um dos parâmetros que pode associar a ideia aos impactos sociais, ambientais e/ou econômicos preliminarmente, já que nesse momento pode não ser possível ligá-la a um objetivo estratégico sustentável, ainda a ser determinado.

Lembre-se de que a sua organização com certeza já deve estar desenvolvendo programas e projetos, mesmo sem tê-los submetido a processos estruturados de gerenciamento de portfólio sustentável. Mas isso não impede que, desse momento em diante, as iniciativas em andamento possam ser avaliadas da mesma forma que as novas ideias registradas, permitindo a comparação entre elas. Isso garantirá que a organização tenha certeza de que está no caminho correto ou, em caso negativo, que cancele ou adie iniciativas não alinhadas com seus objetivos estratégicos tradicionais e sustentáveis.

Os critérios para avaliação de uma ideia devem ser muito bem escolhidos. Eles variam de organização para organização e de período para período. Isso é explicado pelo fato de que o cenário de negócios muda. E, consequentemente, a estratégia também.

Dessa forma, será fácil identificar e implementar mudanças que devem ser feitas no portfólio quando houver, por exemplo, alteração de estratégia, problemas financeiros ou mesmo surgirem outras ideias mais interessantes, que tragam melhores resultados para o período determinado anteriormente.

Com muitas ideias registradas, será impossível realizar todas elas, por falta de capacidade produtiva (recursos humanos, espaço físico, conhecimento, financiamento, etc.). Por isso, elas devem ser avaliadas, selecionadas e priorizadas, passando por alguns filtros, como apresentado na Figura 23.

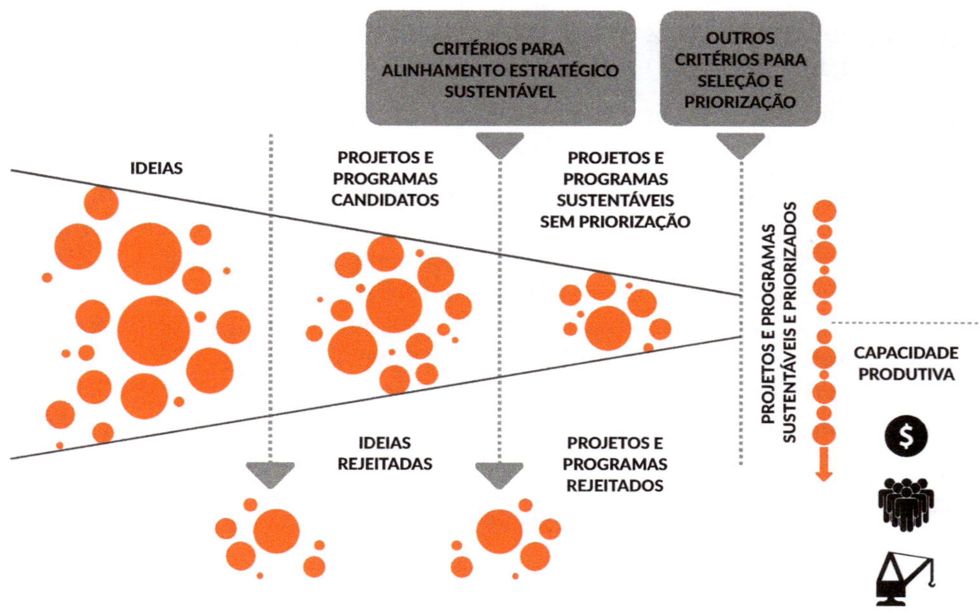

Figura 23 – Avaliação de ideias

Para saber mais...

GERENCIAMENTO DE RISCOS E DE CUSTOS

BARBOSA, C. et al. Gerenciamento de Custos em Projetos. 5a.ed. Rio de Janeiro: FGV, 2014.

JOIA, L. et al. Gerenciamento de Riscos em Projetos. 3.ed. Rio de Janeiro: FGV, 2014.

O primeiro filtro determina se uma ideia pode se converter em um projeto ou programa, componente de um portfólio qualquer, ou se ela configura uma ação simples que pode ser executada por uma pessoa ou área, com pouco esforço.

O segundo filtro valida a ideia com o planejamento estratégico sustentável da organização, para garantir que todos os esforços serão gastos para alcançar os resultados planejados. Aqui, os indicadores relacionados aos objetivos estratégicos tradicionais e sustentáveis serão importantes para a classificação de ideias.

O terceiro filtro define outros critérios para seleção e priorização que podem ser relacionados a:

- grau de riscos, pois a maior ou menor afinidade a riscos da organização influenciará na aprovação da ideia;
- indicadores financeiros, como, por exemplo, valor presente líquido, retorno sobre o investimento sustentável, *payback period*, taxa interna de retorno, etc., que são fatores fundamentais para uma boa avaliação sobre se o orçamento disponível e o fluxo de caixa da organização comportarão o desenvolvimento do portfólio sustentável pretendido. Um exemplo importante é o ROI de Sustentabilidade, que busca oferecer elementos para tomadores de decisão mensurarem o retorno econômico-financeiro de um programa ou projeto de sustentabilidade, identificando e simulando o retorno de determinados aspectos da sustentabilidade e criando um ambiente de diálogo entre as áreas de finanças e de sustentabilidade (FGV EAESP, 2018);
- capacidade produtiva instalada relacionada à quantidade e à capacitação de pessoas envolvidas, aos equipamentos e às instalações disponíveis, etc., que podem inviabilizar o atingimento dos resultados esperados;

- tempo de desenvolvimento da ideia, que pode extrapolar o período pretendido para os resultados do portfólio;
- outras características que podem ser mandatórias, como evitar um problema, necessidade legal, etc.

Ideias candidatas	Critérios para seleção e priorização de ideias																					Avaliação e priorização		
	Abordagem - Contribuição para Estratégia						Abordagem - Financeira							Abordagem - Outros critérios										
	Reduzir custo operacional	Aumentar seguidores e redes sociais	Reduzir descarte de resíduo sólido	TOTAL PARCIAL (Peso x Nota)	% CONTRIBUIÇÃO PARA A ABORDAGEM	PRIORIDADE	VPL	SROI	Payback Period	TIR	TOTAL PARCIAL (Peso x Nota)	% CONTRIBUIÇÃO PARA A ABORDAGEM	PRIORIDADE	Grau de Risco	Investimento	Aproveitar uma oportunidade	Necessidade Legal	TOTAL PARCIAL (Peso x Nota)	% CONTRIBUIÇÃO PARA A ABORDAGEM	PRIORIDADE	TOTAL PARCIAL (Peso x Nota)	% CONTRIBUIÇÃO PARA A ABORDAGEM	PRIORIDADE
PESO	0,50	0,10	0,40				0,30	0,40	0,25	0,05				0,35	0,50	0,10	0,05						
Ideia 1	4	4	2	3,2	47,06	1	2	0	2	4	0,7	14,58	3	2	4	0	4	2,9	43,94	1	6,8	37,36	1
Ideia 2	4	0	0	2	29,41	2	2	4	4	4	2,8	58,33	1	2	2	2	0	1,9	28,79	2	6,7	36,81	2
Ideia 3	0	0	4	1,6	23,53	3	2	2	2	0	1,3	27,08	2	4	0	4	0	1,8	27,27	3	4,7	25,82	3
...																							
NOTA : 0 - critério não atendido 2 - critério moderadamente atendido 4 - critério fortemente atendido																							

Tabela 1 – Critérios para seleção e priorização – Exemplo

Atenção:

Na avaliação de ideias, os indicadores que representam a materialidade têm que estar associados aos critérios para sua seleção e priorização, antes que ela seja aprovada como programa ou projeto.

Atenção:

No balanceamento do portfólio, os indicadores que representam a materialidade têm que estar associados aos critérios antes que as ideias sejam aprovadas como programas ou projetos, garantindo que a sustentabilidade será desenvolvida.

Como pode ser visto na Tabela 1, os critérios de seleção e priorização podem ter pesos diferentes e variar de acordo com o cenário no momento da avaliação. É importante que, se a sua organização quer ser sustentável, os critérios relacionados à sustentabilidade recebam pesos que represente essa vontade.

Finalizada a priorização, podem-se tirar conclusões que serão importantes para a decisão de quais ideias serão aprovadas:

- uma ideia pode contribuir fortemente para um objetivo estratégico sustentável, mas não ser a que mais contribui para a estratégia geral da organização, ter os melhores resultados financeiros ou atender aos outros critérios (Ideia 3). Nesse caso, talvez a ideia não seja a melhor forma de reduzir custos operacionais de forma sustentável e mereça uma nova reflexão sobre como pode ser desenvolvida;
- uma ideia pode ter que ser obrigatoriamente implementada por ser relacionada a uma necessidade legal, mas não trazer resultados sustentáveis (Ideia 2). Talvez seja possível pensar em como fazer a sua implementação de forma sustentável, diferente daquela que foi sugerida no cadastramento da ideia.

Avaliando os resultados, pode ficar claro que talvez as ideias que foram sugeridas tenham que ser revistas ou adaptadas para que possam gerar os resultados estratégicos tradicionais e também os sustentáveis. O mesmo pode acontecer com as iniciativas que estão em andamento.

O balanceamento do portfólio sustentável é fundamental antes da aprovação dos seus componentes por alguns motivos. Um deles é porque é possível que as ideias tenham privilegiado uma categoria, uma unidade de negócios ou mesmo um critério, já que o processo de coleta é aleatório e decorrente de sugestões dos *stakeholders*. Quando isso acontece, se aprovadas como componentes do portfólio, as ideias concentrariam o investimento da organização de forma não equilibrada.

A associação do orçamento disponível ou o fluxo de caixa compatível para os programas e projetos pode também exigir um balanceamento do portfólio. É possível que a organização não tenha orçamento disponível para a execução de todas as iniciativas selecionadas e, por exemplo, pode ser interessante autorizar mais de um projeto com investimentos menores do que somente um com valor muito alto. Nesse caso, os que foram selecionados, mas não autorizados, aguardarão a disponibilização de mais investimento ou um melhor momento para serem levados adiante.

O portfólio sustentável também deve ser balanceado para que os programas e projetos considerados de apoio não sejam desprezados. O BSCSus ajudará bastante nesse processo, visto que nele é possível compreender melhor a relação entre as perspectivas. Eventualmente, um resultado não pode ser alcançado porque faltou desenvolver um projeto de apoio ao projeto principal para capacitação, aumento de capacidade produtiva ou mesmo infraestrutura. No exemplo da Rede de Restaurantes ABC, não será possível reduzir custos com a venda de pratos com novas receitas mais baratas, utilizando cascas de vegetais, por exemplo, se essas receitas não forem pesquisadas e testadas, assim como se os cozinheiros não forem capacitados. Logo, todos esses projetos, considerados de apoio, são importantes para atingir os resultados esperados.

Durante a fase de controle, pode ser necessário balancear o portfólio sustentável para atingir resultados que não estejam adequados aos indicadores definidos. No exemplo, ao longo da execução dos projetos selecionados, pode-se descobrir que eles não serão suficientes para atingir a meta de 20% para o O3 – redução de produção e descarte de resíduo sólido em 20%. Ou, ainda, pode-se receber uma orientação da direção de aumentar a meta em 5%, pois o planejamento estratégico sustentável foi alterado depois de o portfólio sustentável ser aprovado. Em ambos os casos, o portfólio sustentável deverá ser revisto para atender a essas alterações com sucesso. Se a organização está usando processos estruturados, será fácil adaptar o portfólio sustentável, analisando novas ideias e comparando-as com as já aprovadas, a partir de informações organizadas que permitirão maior agilidade, transparência e precisão na tomada de decisão.

Como você pode ver, são muitos fatores que influenciam a escolha das iniciativas que produzirão os resultados sustentáveis para a organização!

Todos os programas e projetos de um portfólio sustentável serão gerenciados de forma integrada com o único objetivo de cumprir os critérios pelos quais eles foram aprovados. O plano de gerenciamento do portfólio sustentável é fundamental para que isso aconteça, pois contém, entre outras informações importantes, a interdependência entre os componentes, previsão para suas entregas, etc. Usando um *roadmap*, como na Figura 24, é possível autorizar os programas e projetos, acompanhar seus resultados e fazer correção de rota ou realinhamento com a estratégia quando necessário.

Conceito:

ROADMAP – Mapa que mostra, na linha do tempo, interdependências, resultados, marcos importantes, etc. de projetos, programas e/ou outras atividades.

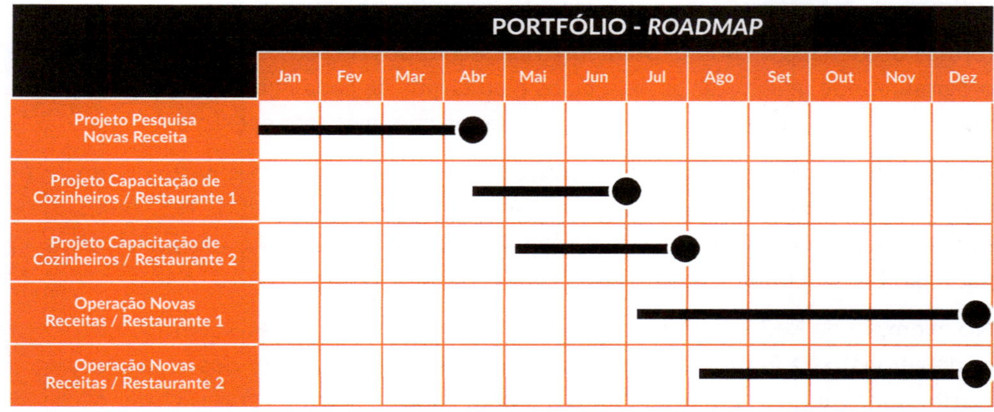

Figura 24 – *Roadmap* do portfólio sustentável

O plano de gerenciamento do portfólio sustentável deve conter ainda definições de como será a sua governança (estrutura funcional, políticas, critérios para tomadas de decisão, processos, etc.), além da administração de seus riscos e do alinhamento com a estratégia. Os mecanismos de comunicação do portfólio sustentável também devem ser planejados para que toda essa engrenagem funcione.

6.4.2. Programas sustentáveis

Um programa tem como função realizar objetivos estratégicos que não seriam alcançados se os seus componentes fossem gerenciados individualmente. Ele é formado por componentes relacionados que podem ser projetos, subprogramas e

Para saber mais...

GERENCIAMENTO DE PROGRAMAS
PMI. The standard for program management. Newtown Square: Project Management Institute, 2017.

outras atividades como treinamentos, operações, manutenção, etc. gerenciados de forma coordenada. Sendo dependente dos resultados de seus componentes, um programa pode maximizar os benefícios resultantes de cada componente, evitando duplicação de funções ou partilhando os custos com eles, por exemplo.

Tendo sido avaliado, selecionado, priorizado e aprovado para fazer parte de um portfólio sustentável, um programa já nasce sustentável, produzindo resultados sustentáveis, sendo desenvolvido de forma sustentável ou tendo uma justificativa para não fazer nenhuma dessas coisas.

No exemplo da Rede de Restaurantes ABC, o programa Novas Receitas, que pode ser visto na Figura 25, tem componentes que podem ser desenvolvidos institucionalmente, gerando resultados para todos os restaurantes, como os projetos de pesquisa de novas receitas e de treinamento de cozinheiros. Por outro lado, as novas receitas podem exigir adequações das cozinhas de cada um dos restaurantes, considerando suas características e necessidades específicas. Antes de colocar as novas receitas em operação, cada um dos restaurantes poderia ter que desenvolver a adequação da sua própria cozinha de acordo com as suas características, o que exigiria tempo, custo, necessidades de recursos, riscos, etc. diferentes. Cada conjunto de atividades para adequar cada cozinha caracterizaria um projeto distinto, que também poderia ser componente do programa.

No entanto, é fundamental que todos esses projetos sejam gerenciados dentro de um mesmo programa, para que seus resultados contribuam para os mesmos objetivos estratégicos tradicionais e sustentáveis que aprovaram o programa e os próprios projetos.

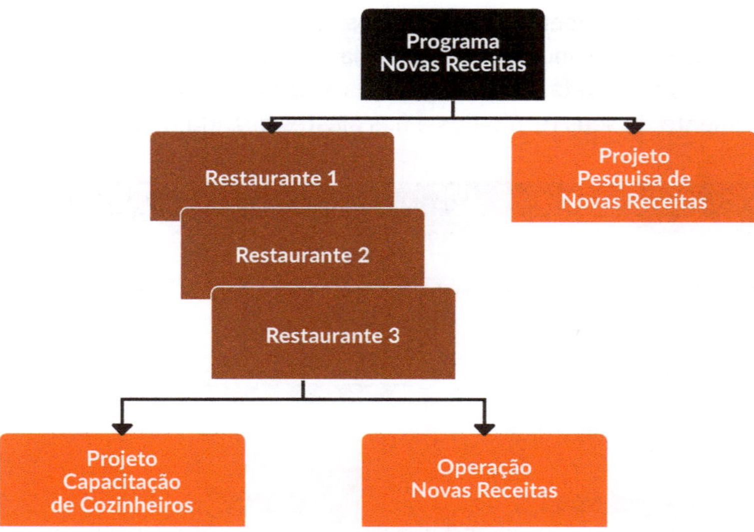

Figura 25 – Programa Novas Receitas – Exemplo

Um programa sustentável também necessita ter um plano de gerenciamento no qual sua execução e acompanhamento possam se basear. Nele devem estar inseridas informações sobre como será a sua governança, incluindo a estrutura funcional, com suas responsabilidades e autoridades, as políticas e processos adotados, critérios para tomadas de decisão, etc.

Como todos os projetos, subprogramas ou atividades de um programa têm que ser gerenciados com o único objetivo de cumprir os critérios pelos quais eles foram aprovados, o plano de gerenciamento do programa se torna essencial na medida em que determina as interdependências entre os componentes, a previsão de entregas de benefícios (metas dos indicadores), etc. Na Figura 26, pode-se ver um *roadmap* do programa Novas Receitas, que auxiliará na autorização dos componentes, no acompanhamento de seus resultados e nos ajustes quando necessário.

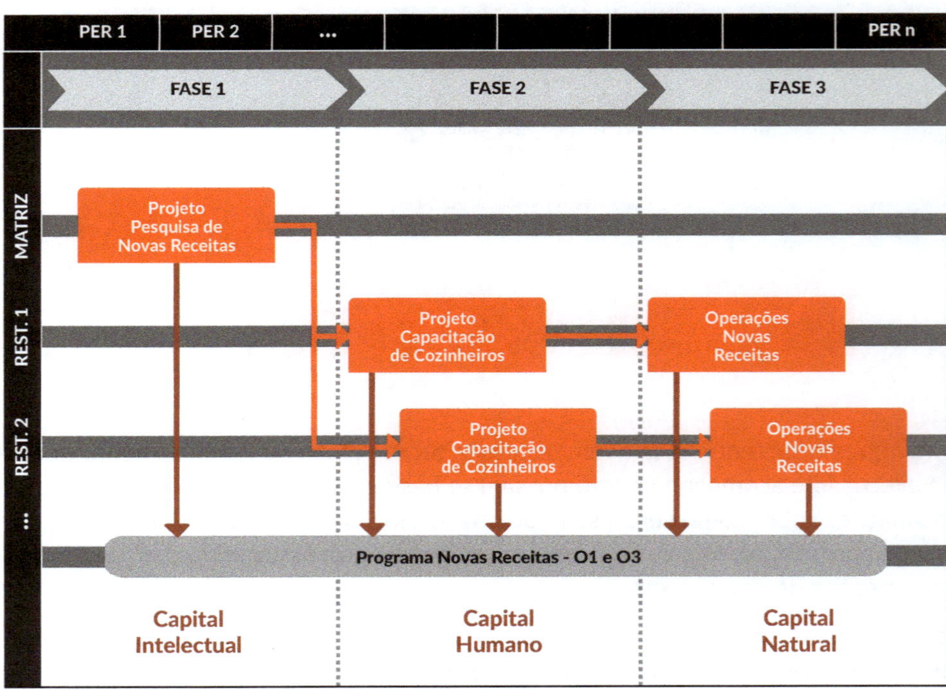

Figura 26 – *Roadmap* de um programa

Você pode ver que o programa "herda", do portfólio sustentável a que pertence, os indicadores que representam a materialidade da organização. Eles serão a base para os benefícios que serão gerados por cada projeto, subprograma ou atividade, garantindo uma das parcelas da sustentabilidade projetada para toda a organização. O *roadmap* de um programa fornecerá informações para a confecção do *roadmap* do portfólio a que ele pertence.

6.4.3. Projetos sustentáveis

Na visão tradicional, um projeto é um esforço temporário, com início e fim definidos, empreendido para criar um produto, serviço ou resultado exclusivo. Ele é elaborado progressivamente, realizado por pessoas, limitado por recursos específicos e deve ser planejado, executado e controlado.

Para passar a contemplar a sustentabilidade, um projeto é um esforço temporário, com início e fim definidos, empreendido para criar um produto, serviço ou resultado sustentável exclusivo. Ele é elaborado progressivamente, realizado por pessoas, limitado por recursos definidos, devendo ser planejado, executado e controlado de forma sustentável.

Um produto, serviço ou resultado sustentável é aquele que tem em suas características causar impacto sócio/ambiental positivo, além do econômico. Planejar, executar e controlar um projeto de forma sustentável significa que as alternativas para o seu desenvolvimento levarão em conta tanto a redução de externalidades negativas quanto a maximização das positivas.

É verdade que nem sempre isso é possível.

Mas quanto mais a organização conseguir realizar projetos sustentáveis de forma sustentável, mais ela própria se tornará sustentável!

Todo projeto, pertencente a um programa ou não, foi incluído em um portfólio sustentável somente para atender aos critérios que o aprovaram. Assim, é muito importante que ele tenha sido vendido internamente, ou, eventualmente, para um cliente externo, com os seus objetivos claramente definidos, incluindo os relacionados com a sustentabilidade.

Para saber mais...

ELLEN MACARTHUR FOUNDATION. Economia Circular. 2017.

Os indicadores que vão nortear tanto o desenvolvimento do projeto quanto a operação dos seus resultados devem ter sido bem negociados, para que não haja expectativas erradas e nem frustrações quando ele estiver terminado. Por exemplo, um projeto para criação de um novo restaurante para a Rede de Restaurantes ABC pode ter como resultado final o aumento de 30% na capacidade de produção de refeições/mês. Suponha que a materialidade da Rede de Restaurantes ABC definiu que, além do ODS 12: Consumo e Produção Responsáveis, os ODSs a seguir também são relevantes para ela:

- ODS 4: Educação de qualidade
- ODS 7: Energias renováveis
- ODS 9: Inovação e Infraestrutura
- ODS 10: Redução das Desigualdades
- ODS 11. Cidades e Comunidades Sustentáveis

Contribuindo para indicadores de sustentabilidade referentes a esses ODSs, o novo restaurante pode aumentar em 30% a capacidade de produção de refeições/mês, considerando as alternativas de desenvolvimento do projeto, como a seguir:

- construir as instalações do novo restaurante com infraestrutura sustentável (ODS 9);
- usar tecnologias e processos industriais limpos e ambientalmente adequados (ODS 9);
- utilizar energia solar (ODS 7);
- utilizar materiais e fornecedores locais (ODS 11);
- treinar e contratar pessoas promovendo a inclusão social, econômica e política de todos, independentemente da idade, gênero, deficiência, raça, etnia, origem, religião, condição econômica ou outra (ODS 4 e 10);
- integrar informações de sustentabilidade em seu ciclo de relatórios (ODS 12).

Os ODSs podem ter relevâncias diferentes para *stakeholders* diferentes. Por exemplo, se a construção do novo restaurante for terceirizada, a Rede de Restaurantes ABC, que contratou o projeto, a empreiteira que o construirá e os fornecedores de insumos ou equipamentos certamente terão materialidades diferentes. Portanto, o gerente do projeto precisa conhecer muito bem todas as externalidades que o seu projeto pode gerar, estando apto a tratá-las engajando *stakeholders* apropriados para ajudá-lo nesta tarefa, mesmo que seus interesses em sustentabilidade sejam diferentes dos da sua organização. Sem o conhecimento adequado, os projetos continuarão a usar alternativas e ter resultados sem geração de impactos positivos. Sustentabilidade passa a ser uma nova área de conhecimento essencial para o gerente do projeto e desejável para os seus *stakeholders*.

O Modelo GES propõe que o ciclo de vida de um projeto deve ser acrescido do planejamento, monitoramento e controle da **OPERAÇÃO ASSISTIDA** do produto, serviço ou resultado sustentável. Essa estruturação garantirá que os impactos positivos serão mantidos mesmo após a finalização do desenvolvimento do projeto e transição para seus futuros usuários. Os indicadores utilizados para seleção e priorização do projeto em questão serão fundamentais para o acompanhamento e controle dos resultados prometidos na fase de planejamento do portfólio.

No Anexo 2 – Projeto Sustentável, o projeto Pesquisa de Novas Receitas é apresentado como exemplo para entendimento de como gerar resultados para o planejamento estratégico sustentável da Rede de Restaurantes ABC.

6.4.4. Revisão de operações sustentáveis

As operações são todas as atividades de rotina que uma organização realiza no seu dia a dia, desde a emissão de um e-mail até a produção industrial de uma peça em grande escala. São as atividades repetitivas de todas as áreas funcionais e pessoas da organização (financeiro, administrativo, comercial, marketing, recursos humanos, compras, qualidade, jurídico, tecnologia da informação, produção, etc.), que também podem estar sendo executadas de forma sustentável ou não. Se elas são resultado de algum projeto sustentável, com certeza terão herdado indicadores de sustentabilidade e estão comprometidas a demonstrar seus resultados. Se as operações são as mesmas que a organização sempre desempenhou, é possível agregar a elas indicadores de sustentabilidade para medi-las e, posteriormente, verificar a necessidade de alterá-las a partir de novos projetos ou simples adaptações.

A Rede de Restaurantes ABC tem operações diferentes em sua estrutura organizacional. No seu planejamento estratégico sustentável, ela identificou em sua materialidade o ODS 12: Consumo e Produção Responsáveis como relevante e se comprometeu a cumprir a meta 12.5 - até 2030, reduzir substancialmente a geração de resíduos por meio da prevenção, redução, reciclagem e reúso, como é visto no Quadro 8. Ela também definiu o objetivo estratégico sustentável de reduzir descarte de resíduo sólido no seu BSCSus, como apresentado no Quadro 10. Logo, é importante que a organização entenda como os indicadores de sustentabilidade (KSI) de redução de resíduos sólidos gerados e de redução de resíduos sólidos descartados podem ser alcançados também a partir de suas operações. Para isso, talvez seja essencial definir outro indicador de sustentabilidade (KSI), como, por exemplo, quantidade de resíduo sólido produzido por área funcional ou por tipo de operação. Mapeando-se a produção global de resíduo sólido na organização, pode-se determinar outras ideias para redução, que podem ser submetidas a aprovação como projetos ou programas para novos portfólios.

6.5. Plano de capacitação

O plano de capacitação deve conter ações para os diversos níveis de maturidade nos temas a serem abordados, desde abordagens introdutórias até as mais detalhadas em teoria e prática. Os treinamentos devem priorizar métodos lúdicos, participativos e de cocriação do conhecimento, visando o envolvimento dos participantes. Práticas ágeis e de *design thinking* geralmente trazem bons resultados.

Para saber mais...

<http://www.agentesdamudança.com.br>
SOARES, K. A transição na gestão de mudança: o que preciso mudar em mim para que o outro mude? São Paulo: Barany, 2013.

6.6. Formalizando o planejamento do projeto de mudança para o Modelo GES

Ao final da etapa de DIAGNÓSTICO foi feito um plano preliminar de gerenciamento para o projeto de mudança para Modelo GES. Ele foi considerado preliminar porque naquele momento as informações disponíveis não permitiam que o plano contemplasse aspectos específicos para a implantação "sob medida". Com o DESENHO da implantação elaborado, pode-se revisar o pré-plano e contemplar outros aspectos, detalhando-o um pouco mais.

Ao elaborar o plano de gerenciamento do projeto de mudança para o Modelo GES, alguns aspectos são extremamente importantes pela natureza do trabalho ser basicamente de mudança de cultura:

- **Comunicação** - Não é novidade que uma comunicação bem feita é a chave para o sucesso dos projetos, assim como o envolvimento dos *stakeholders* no plano. Devem ser incluídas ações como: criação de um canal para opiniões e esclarecimento de dúvidas, devolutivas das fases, informações sobre próximos passos, vitórias alcançadas no dia a dia, entre outras. Não deixe de considerar as campanhas de marketing interno.
- **Envolvimento de colaboradores** - O envolvimento como consequência direta do processo de comunicação é comum, mas podem ser consideradas outras ações, como eventos ou gincanas, que podem levar o envolvimento inclusive para as famílias dos colaboradores. Atenção especial deve ser dada aos influenciadores.

- **Capacitação/Treinamento** – O plano de treinamento e capacitação deve considerar o nível de maturidade dos colaboradores para o tema a ser abordado. Em alguns casos será necessário abordar conceitos introdutórios e em outros as pessoas podem atuar como facilitadoras. Podem ser considerados processos de *coaching* e *mentoring*.

A gestão das expectativas não pode ser negligenciada. Ela se dará a partir de uma predisposição para ouvir e estar presente aliada às ações de comunicação, envolvimento e treinamento.

O plano de gerenciamento do projeto formalizado deve ser compartilhado na organização para que os colaboradores saibam o que vai acontecer, quando, como e por quê. É importante estar preparado para:

- promover o contato com os grupos impactados pela mudança;
- alinhar expectativas sobre as possibilidades de melhorias que a mudança vai trazer para os envolvidos;
- identificar preocupações, incômodos e recomendações para alinhar o plano com a gestão responsável;
- atualizar o andamento da mudança e a necessidade de apoio de envolvidos direta e indiretamente no processo.

O plano de gerenciamento do projeto de mudança para o Modelo GES deve conter o planejamento integrado e sustentável de todo o trabalho que será realizado, dos *stakeholders*, do escopo, dos prazos, dos recursos, dos riscos, da qualidade, das contratações e das comunicações necessárias. Todas as informações essenciais sobre o planejamento dos portfólios, programas, projetos da organização são insumos importantes para a confecção do plano de gerenciamento do projeto de mudança para o Modelo GES. O nível de detalhamento dos dados que serão utilizados será definido de acordo com o nível de acompanhamento que o projeto terá.

7
Implantação, Monitoramento e Controle

O MONITORAMENTO e CONTROLE ocorrem ao mesmo tempo em que a IMPLANTAÇÃO acontece. Durante a implantação teremos uma grande parte da organização acessando pela primeira vez o real conteúdo da transformação. Portanto, é um período que deve ser monitorado bem de perto pelo gerente do projeto, por agentes de mudança e pelo *sponsor*, já que obstáculos e resistências devem surgir e precisam ser avaliados e trabalhados. A comunicação tem um papel importantíssimo em todo o processo de gestão de mudanças, veja também o Quadro 11.

GESTÃO DA MUDANÇA

Nos períodos de Implantação e de Monitoramento e Controle será necessário:

- **comunicar (sempre!);**
- **assegurar o comprometimento das lideranças;**
- **eliminar obstáculos;**
- **treinar e desenvolver pessoas;**
- **envolver as pessoas, respeitando os papéis e responsabilidades planejados na etapa de implantação;**
- **preparar a equipe que dará continuidade ao processo de mudança após o período de implantação - treinar os guardiões;**
- **implementar novas práticas relacionadas à mudança, neste caso, práticas sustentáveis;**
- **demonstrar melhorias visíveis a curto prazo, promovendo reconhecimento e recompensa;**
- **manter o processo participativo, estimular cocriação;**
- **a equipe de mudança, principalmente seu líder, deve estar presente integralmente.**

Quadro 11 – Gestão de mudanças para etapa de IMPLANTAÇÃO, MONITORAMENTO E CONTROLE

Nestas etapas, os colaboradores, de todos os níveis hierárquicos, devem ter clareza dos benefícios da mudança e uma percepção positiva sobre ela e seus resultados. As resistências devem ter sido reduzidas ao mínimo e as competências necessárias devem estar sendo desenvolvidas.

Ao final das etapas de IMPLANTAÇÃO, MONITORAMENTO e CONTROLE, as diretrizes organizacionais devem estar claras e coerentes com a nova realidade, a estrutura organizacional revisada, líderes atuando como exemplo, sistemas e processos testados e ambiente físico adaptado, sempre de acordo com o que foi definido na etapa de PLANEJAMENTO ou por uma nova versão modificada e aprovada de plano de gerenciamento do projeto de mudança para o Modelo GES.

7.1. Implantação

7.1.1. Capacitação

Desde o início do DIAGNÓSTICO os *stakeholders* já estão sendo capacitados, mesmo que indiretamente. É a partir dessa etapa que eles começam a mergulhar no universo da própria organização usando as lentes da sustentabilidade, o que continua na revisão do planejamento estratégico, na definição de indicadores e na revisão do portfólio sustentável de programas e projetos.

Durante o período de IMPLANTAÇÃO, começa a ficar evidente se colaboradores da organização "compraram" melhor a ideia e estão sendo multiplicadores. Esses indivíduos merecem receber atenção especial para que possam influenciar de forma bastante efetiva. Desse grupo sairão os agentes que estarão envolvidos com o dia a dia da OPERAÇÃO ASSISTIDA (Capítulo 9) e que são chamados de guardiões.

Treinar os multiplicadores requer uma atenção especial, já que não é porque alguém "comprou" a ideia que não é preciso fazer mais nada. É fundamental criar o comprometimento que será necessário para a posterior fase de OPERAÇÃO.

7.1.2. Implementação

Como já discutido na revisão do portfólio sustentável (seção 6.4.1.), o orçamento aprovado e o fluxo de caixa vão definir quando os programas e projetos serão realizados. Portanto, os componentes aprovados para o portfólio sustentável serão autorizados de acordo com a disponibilização dos investimentos e dos recursos, já que a capacidade produtiva da organização é limitada por eles. Isso diz respeito tanto aos projetos isolados como aos que fazem parte dos programas como componentes do portfólio.

Na fase de IMPLEMENTAÇÃO, os planos de gerenciamento de cada programa e projeto do portfólio sustentável serão executados, de forma interdependente ou não, mas sempre com o objetivo de cumprir os objetivos estratégicos tradicionais e sustentáveis, que foram usados como critérios para a sua aprovação. Os indicadores de desempenho (KPI), de sustentabilidade (KSI) e de riscos (KRI) serão coletados e mensurados, para que possam ser controlados na fase de MONITORAMENTO.

7.2. Monitoramento e controle

O plano de gerenciamento do projeto de mudança para o Modelo GES, elaborado ao final da etapa DESENHO, prescreveu as ações necessárias durante a IMPLEMENTAÇÃO e a forma como devem ser feitos o MONITORAMENTO e o CONTROLE. Devem ser realizadas reuniões de acompanhamento e confeccionados os relatórios de desempenho, cujas frequências foram determinadas no plano.

Os indicadores de programas e projetos, incluindo os de desempenho e de aderência à mudança (KPI), de sustentabilidade (KSI) e os de riscos (KRI), são monitorados. Em casos de identificação de resistência à mudança ou de dificuldade de atuação na nova cultura estabelecida, deve-se fazer uso de sessões de *coaching* ou *mentoring* para solucionar os problemas.

Para saber mais...

GESTÃO DE MUDANÇA – Ver Seção 4.4. Gestão de mudanças
GESTÃO DO CONHECIMENTO – ver Seção 8.3. Lições aprendidas e gestão do conhecimento

7.2.1. *Coaching* e *mentoring*

Coaching é um método em que o *coach* (profissional) apoia o *coachee* (cliente) a atingir suas metas. O trabalho é organizado em sessões periódicas em que o *coach* conduz o *coachee* a refletir sobre aspectos ainda não considerados, assumindo outros pontos de vista ao avaliar questões específicas e riscos para atingir seu objetivo, qual o tipo de suporte que será necessário, que competências e recursos ele já possui e como criar caminhos alternativos. O indivíduo desenvolve competências e habilidades para alcançar a meta planejada.

O *mentoring* é um processo de compartilhamento de conhecimento em que o mentor é um profissional com vivências e experiências na mesma área de ação do mentorado. O foco são as atividades profissionais.

Algumas organizações contratam o apoio de *coaches* para que seus funcionários sejam capazes de alcançar as metas internas da organização. Muitas empresas consideram que nos processos de *mentoring* é melhor trabalhar com um profissional da própria organização como mentor. Porém, quando os profissionais internos não possuem esse conhecimento parte-se para a contratação de mentor externo.

As técnicas de *coaching* fazem o *coachee* descobrir os caminhos para solucionar os problemas, visto que ele já foi capacitado e conhece bem seu ambiente de trabalho.

Dessa forma, obtém-se maior engajamento do indivíduo, já que ele fica mais preparado para assumir o protagonismo da implantação.

Na etapa de DESENHO da solução, definimos o que será mais eficaz em cada passo do MONITORAMENTO, se técnicas de *coaching* ou *mentoring*, assim como a frequência com que o acompanhamento deverá ser feito. Dependendo do tipo de objetivo a ser atingido e da transformação que a organização estiver vivendo, pode-se optar por um processo em que o *coach* está ao lado do *coachee* como uma sombra pronta para auxiliá-lo (caso da implantação de métodos ágeis) ou por prover atendimentos regulares, com data marcada, como, por exemplo, uma vez por semana. Com o aumento da maturidade da organização em sustentabilidade pode-se chegar ao atendimento pontual por demanda, isto é, o *coachee* agenda com o *coach* ou mentor quando sentir necessidade.

7.2.2. Acompanhamento do desempenho estratégico

A integração entre os objetivos estratégicos tradicionais e os sustentáveis de uma organização é fundamental para a obtenção de resultados que reflitam sua missão e sua visão. Conforme já discutido (seções 6.4. e 6.2.), os objetivos estratégicos tradicionais e sustentáveis são alcançados a partir da realização de portfólios sustentáveis, de programas e projetos sustentáveis, e outras atividades de todas as suas áreas funcionais, cujos indicadores tradicionais e sustentáveis associados, e suas metas, serão medidos e controlados.

A integração e a hierarquia entre os objetivos estratégicos tradicionais e sustentáveis da organização, suas áreas funcionais e as pessoas que trabalham nelas é um resultado natural da aplicação do Modelo GES. Eles serão realizados no plano operacional (realização de projetos e operações de rotina) e fornecerão dados gerenciais para os níveis táticos, estratégicos e operacionais, respectivamente.

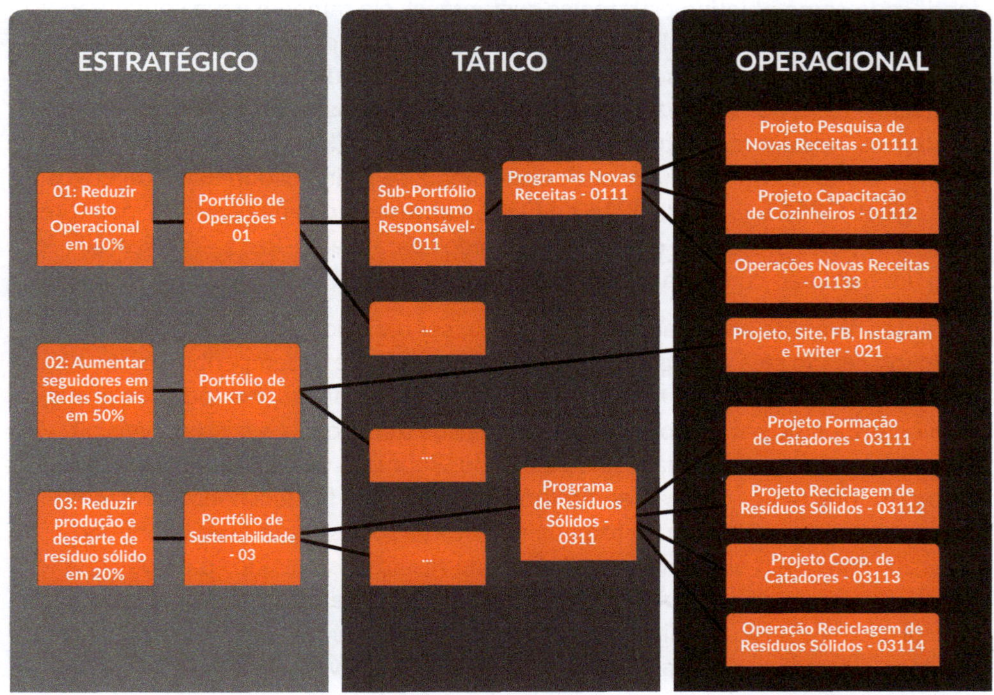

Figura 27 – Hierarquia de objetivos estratégicos tradicionais e sustentáveis

Voltando ao exemplo da Rede de Restaurantes ABC, você pode ver, na Figura 27, o objetivo estratégico O3: Reduzir produção e descarte de resíduo sólido em 20%, definido para a Diretoria de Sustentabilidade (logo, como o O3 – redução de produção e descarte de resíduo sólido em 20%, relacionado ao ODS 12, foi identificado como objetivo estratégico sustentável, ele também deve configurar um dos critérios para a escolha de programas e projetos dos portfólios), só terá sua meta cumprida se todos os indicadores do Portfólio de Sustentabilidade forem alcançados. Esse, por sua vez, só realizará seus resultados a partir do atingimento de todos os indicadores de todos os seus componentes (Programa de Resíduos Sólidos – Gerência de Resíduos, etc.). Concluindo, se os indicadores dos objetivos estratégicos O3111, O3112, O3113 e O3114 apresentados na Figura 27 não forem alcançados pelos projetos e operações definidos para realizá-los, a organização como um todo não cumprirá sua missão e visão.

Diferentes níveis de acompanhamento devem ser realizados para garantir que o que foi planejado seja alcançado. Reuniões de revisão de desempenho objetivam a checagem periódica se os recursos gastos com as iniciativas, em todos os níveis, estão contribuindo para os objetivos estratégicos tradicionais e sustentáveis ou configuram desejos individuais ou desperdício. Reuniões de acompanhamento e auditorias, internas e externas, serão fundamentais para fornecimento de dados transparentes e confiáveis para tomada de decisão sobre o que deve continuar da mesma forma e o que deve mudar. Quando resultados medidos para os indicadores forem ou tenderem a ser diferentes dos esperados, ações de prevenção e de correção deverão ser discutidas com os *stakeholders* responsáveis pelas variações. Correções de rota, o mais rápido possível, previnem grandes variações que, consequentemente, podem exigir medidas drásticas, como, por exemplo, cancelamento de execução de componentes.

7.3. Formalizando a implantação, o monitoramento e o controle do projeto de mudança para o Modelo GES

Os relatórios de desempenho de portfólios, programas e projetos sustentáveis devem ser harmônicos, respeitando as características e a necessidade de informações de cada um, para que os dados possam facilmente demostrar transparência e rastreabilidade. A hierarquia dos indicadores de cada objetivo estratégico, tradicional e sustentável, fará a ligação entre os resultados realmente alcançados dentro de um determinado período e aqueles esperados. Os relatórios de desempenho devem ainda conter informações específicas, de acordo com o que está sendo gerenciado.

Para acompanhar os portfólios, programas, projetos e operações sustentáveis, será necessário monitorar e controlar:

- **o alinhamento com estratégia sustentável**, que poderá provocar alterações no planejamento estratégico, que por sua vez pode alterar portfólios, programas projetos e operações;
- **o desempenho**, que demonstrará o que foi realizado comparado com o que foi planejado, nos programas e projetos sustentáveis, apontando status e tendências;
- **mudanças**, que podem decorrer de riscos, de alterações no planejamento estratégico e de desempenho inadequado.

Em todos os casos, pode haver alterações no que está sendo realizado pela organização. Apesar de parecer ruim, isso é bom!

Lembre-se de que vivemos em um mundo em transformação constante. As organizações que tiverem mais flexibilidade e agilidade para mudar obterão maior sucesso! Elas poderão acompanhar mais de perto o que seus *stakeholders*, o mundo e elas mesmas precisam. Ter planos a seguir, processos de monitoramento e controle bem definidos e bom engajamento dos *stakeholders* provê um ambiente propício a que as mudanças necessárias ocorram naturalmente e com o mínimo de dificuldades.

8 Encerramento

Finalizar um projeto requer encerrar todas as atividades relacionadas ao seu desenvolvimento, técnicas e administrativas. Ao final dessa etapa, o projeto deve ser reconhecido e aceito pelas partes como tendo seu desenvolvimento concluído. Pode-se ainda encerrar uma fase e, neste caso, todas as atividades referentes ao encerramento do projeto serão executadas parcialmente, relativamente à fase em questão.

Durante o PLANEJAMENTO do projeto de mudança para o Modelo GES, define-se como serão a sua IMPLANTAÇÃO e o seu ENCERRAMENTO. Pode parecer que não, mas na etapa de ENCERRAMENTO ainda deve-se gerenciar a mudança, como apresentado no Quadro 12:

GESTÃO DA MUDANÇA

Na fase de Encerramento devemos nos preocupar em:

- **consolidar e comunicar ganhos;**
- **reconhecer o desempenho por equipe e por indivíduo;**
- **montar um mapa de lições aprendidas;**
- **celebrar as conquistas e metas atingidas.**

Quadro 12 – Gestão de mudanças para etapa de ENCERRAMENTO

Os programas e projetos definidos para o portfólio sustentável da organização que foram executados ao longo do período são encerrados utilizando as boas práticas de gerenciamento e seus resultados devem ser consolidados para apresentação no Relatório Integrado da organização.

Nesta etapa, devem-se conduzir as seguintes atividades:

- coletar registros e/ou indicadores que possam medir o grau de sucesso do projeto;
- reunir as lições aprendidas, positivas e negativas, e disponibilizá-las;

- arquivar informações para garantir uma base histórica;
- formalizar o aceite do desenvolvimento do projeto por parte do cliente, interno ou externo;
- "Entregar" o projeto para quem vai atuar como guardião na OPERAÇÃO ASSISTIDA.

Com o ENCERRAMENTO do projeto de mudança para o Modelo GES a equipe de guardiões, agentes de mudança treinados e inseridos no dia a dia da organização, acompanha a aderência às práticas implantadas.

8.1. Validação do Modelo GES

Por ora, vai se encerrar o desenvolvimento do projeto de mudança para o Modelo GES, que deverá ser formalizado por meio do documento de aceite a ser assinado por representantes da organização. Mas como o ambiente de desenvolvimento nem sempre pode ser controlado para reproduzir um ambiente de operação, na etapa seguinte o aceite final será fornecido depois que os resultados provarem estar de acordo com os esperados.

8.2. Emissão do Relato Integrado

Com a mudança de *mindset* no direcionamento de ações e de investimentos do curto para o longo prazo, surge a necessidade de que as instituições passem a implementar, reportar e divulgar o pensamento integrado em sua gestão, alocando apropriadamente o seu capital para criar valor de forma perene.

É muito comum que algumas organizações gastem bastante tempo para preparar seus relatórios anuais de apresentação de resultados, devido à falta de informações organizadas, consolidadas e integradas. Atualmente, dados financeiros e não financeiros são tipicamente relatados separadamente e ainda há uma grande lacuna na mensagem que os investidores e outros *stakeholders* estão recebendo.

A abordagem adotada no Modelo GES obriga que todas as iniciativas de negócios organizacionais nasçam naturalmente interconectadas aos diferentes tipos de capitais e seus impactos na criação de valor em longo prazo. Mesmo que a estrutura de sustentabilidade escolhida pela organização para relatar seus resultados não seja a do Relato Integrado (RI), que define os capitais humano, social e de relacionamento, natural, financeiro e manufaturado (Capítulo 2), quando uma iniciativa nasce depois de ser avaliada em relação a objetivos estratégicos sustentáveis, ela carrega algum atributo associado a aspectos sociais, ambientais e econômicos. Esses atributos sempre permitirão a associação de seus resultados aos capitais financeiros e não financeiros, demonstrando como a organização lida com seu negócio visando um crescimento sustentável, independentemente da estrutura de sustentabilidade escolhida.

O Modelo GES proporciona relatórios integrados conectando estratégia, governança, desempenho e perspectivas, impulsionando tomadas de decisão que consideram a sustentabilidade, trazendo várias vantagens, como:

- comunicação clara, completa, confiável, transparente e rastreável;
- benefícios para *stakeholders* internos e externos;

- alocação apropriada do capital de investidores;
- melhores relações com empregados, organizações da sociedade civil, clientes, reguladores e a sociedade como um todo.

Você deve sempre se lembrar da importância do marketing como instrumento para criar e desenvolver a relação com investidores, apresentando o novo *mindset* da organização e os benefícios dele decorrentes. O papel do financeiro também é fundamental para que os dados econômicos sejam compatíveis com os de sustentabilidade. Se o Modelo GES tiver sido implantado considerando todas as iniciativas da organização, esses papéis terão sido valorizados no início do projeto de mudança.

Para saber mais...

Ver Seção 4.6. Marketing

Durante a fase de IMPLANTAÇÃO, as ações previstas terão sido implementadas, monitoradas e controladas, assim como ajustes e adaptações aplicados, conforme necessidades, até o fechamento do ciclo definido para emissão do Relatório Integrado.

O plano de gerenciamento do projeto de mudança para o Modelo GES deve incluir os indicadores que serão mensurados no período de OPERAÇÃO ASSISTIDA, assim como seus responsáveis, frequência de medição, como serão reportados os resultados e para quem. Ou seja, também devem fazer parte do relatório integrado.

Para saber mais...

GLOBAL REPORTING INITIATIVE [GRI] e INTERNATIONAL INTEGRATED REPORTING COUNCIL [IIRC].

8.3. Lições aprendidas e gestão do conhecimento

O registro das lições aprendidas faz parte da gestão do conhecimento do projeto e deve acontecer ao longo do seu ciclo de vida e não apenas no ENCERRAMENTO. Seu objetivo é gerar melhoria técnica e comportamental. No caso da melhoria técnica, podem-se ajustar processos, precedências, especificações, etc. As lições

Para saber mais...

Sobre o início das reflexões sobre a evolução tecnológica e seus impactos no ser humano:
"Choque do Futuro", 1970
"A Terceira Onda", 1980
Ambos escritos por Alvin Toffler.
Sobre a era conceitual:
"A Nova Inteligência", 2006, de Daniel Pink.

aprendidas em relação aos comportamentos dos envolvidos podem gerar *feedback* para obter resultados individuais, e da própria organização, cada vez melhores.

As organizações aprendem com o compartilhamento das lições de cada projeto. O conhecimento, seja da instituição ou da sociedade, aumenta ao ser compartilhado, o que levou ao aumento da importância da gestão do conhecimento ao longo dos últimos anos.

A sociedade tem evoluído e assumido características diferentes ao longo do tempo. Riqueza, tecnologia e nível de globalização têm influenciado a característica de estrutura mais familiar nas organizações. A evolução pode ser analisada nas eras agrícola, industrial e da informação ou do conhecimento, conceitual e colaborativa, como pode ser visto na Figura 28:

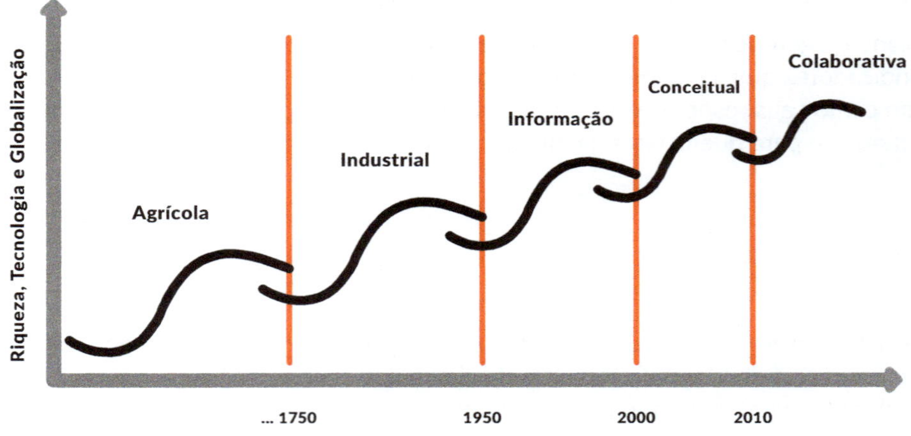

Figura 28 – As eras econômicas

A evolução tem sido abordada também sob o ponto de vista tecnológico e a análise começa na primeira revolução industrial (uso do vapor e de locomotivas), indo até a quarta (realidade virtual), que estamos vivendo, como pode ser visto na Figura 29.

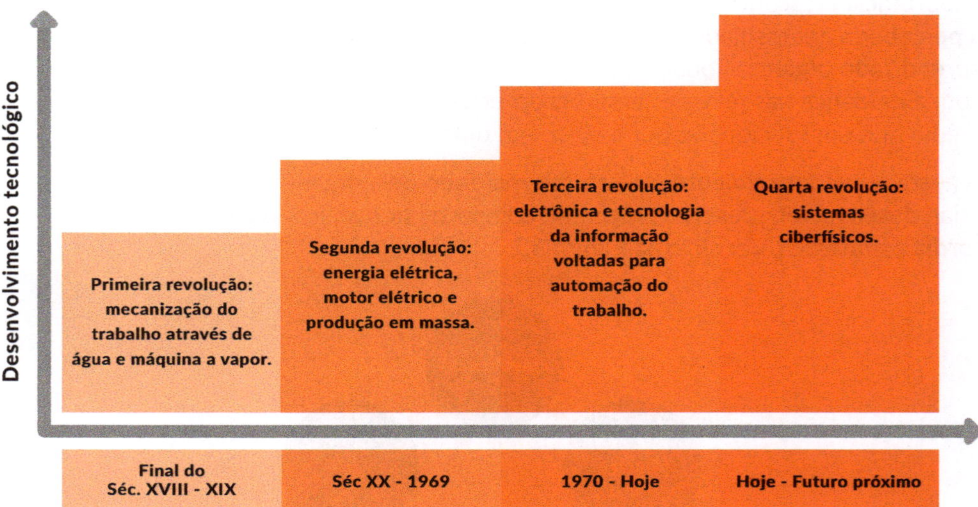

Figura 29 – As revoluções industriais ou tecnológicas

Observa-se que as duas abordagens são complementares e que os períodos de duração das "eras" estão cada ver menores. A era agrícola rudimentar permaneceu praticamente estável desde que o homem se tornou nômade, estendendo-se por dez mil anos, enquanto a era conceitual durou dez anos.

Para saber mais...

Chris Argyris (vários artigos e livros)

Para saber mais...

Peter Senge aborda em seus livros não apenas o aprendizado organizacional, mas também habilidades necessárias à era do conhecimento e ao futuro sustentável.

No início do século XXI as organizações que mais valem no mercado não são as que possuem os grandes parques industriais (como na primeira e segunda onda industrial), mas as que trabalham com conhecimento, que é um ativo intangível.

O conhecimento, como uma preocupação das organizações, assumiu uma importância crescente a partir de meados do século XX. As instituições começaram a perceber a necessidade da gestão do conhecimento e de ações para que haja um aprendizado organizacional, e não apenas do indivíduo. Esse fenômeno é agravado com a mudança nas relações empregado-empregador e com a redução do tempo médio que um funcionário permanece em uma instituição.

A gestão do conhecimento é o esforço realizado pela organização para identificar, criar, desenvolver, preservar, registrar, compartilhar e aplicar o conhecimento de forma estratégica. Ver ciclo na Figura 30.

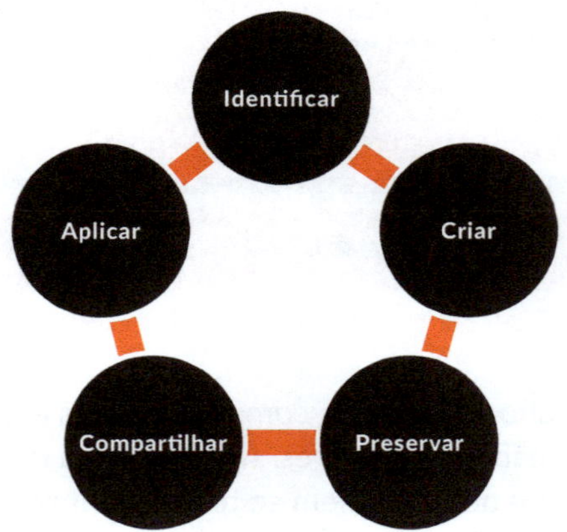

Figura 30 – Processos genéricos da gestão do conhecimento

A gestão do conhecimento não é uma iniciativa isolada. Deve ser integrada à organização como um todo. Ela se apoia em lideranças, pessoas, processos e cultura com o objetivo de gerar valor para o negócio, reduzindo o retrabalho, melhorando o desempenho e promovendo o aprendizado dos colaboradores e a inovação.

Gerenciar o conhecimento em projetos requer considerar os já existentes e, a partir deles, criar novos conhecimentos visando alcançar não só os objetivos do projeto como também contribuir para o aprendizado da organização. Também devem ser consideradas a captação e a disponibilização das lições aprendidas, além da gestão da comunicação.

A gestão do conhecimento disponibiliza uma série de ferramentas cujo uso deve ser definido caso a caso, incorporando-se às ações planejadas no plano de gerenciamento do projeto. Na etapa de **DESENHO** é preciso definir as ações que melhor se adaptam em cada situação. Para auxiliar na tarefa, as mais utilizadas são:

- reuniões de análise crítica do andamento da implantação e adesão à nova cultura e de revisão após-a-ação;
- treinamentos nos novos processos;
- *coaching* e *mentoring*;
- *workshops* de identificação de problemas e construção de soluções;
- mapeamento dos novos processos determinados no programa;
- manuais de elaboração para novos projetos.

As habilidades e capacidades necessárias à gestão do conhecimento incluem: comunicação efetiva, escuta ativa, gerenciamento de reuniões, facilitação, visão

Para saber mais...

PMBOK® Guide (PMI, 2017, p. 98-105)

holística, priorização, desenvolver redes de relacionamento, ter consciência cultural e política.

No Modelo GES a coleta de lições aprendidas se dá ao longo de todo o processo, para que os ajustes sejam implementados no ciclo seguinte de trabalho, conforme enfatizado nas abordagens ágeis que buscam a melhoria contínua. O registro do conhecimento gerado ao longo do processo também se dá por ciclos de trabalho.

8.4. Formalizando o encerramento do projeto de mudança para o Modelo GES

Reuniões de encerramento para reflexão sobre os portfólios, programas, projetos e operações sustentáveis proporcionam conhecimento adquirido que vai beneficiar a otimização de futuros planejamentos e tomadas de decisão. As informações analisadas são insumos para os relatórios de encerramento no período, respeitando a integração decorrente do uso do Modelo GES. Os relatórios de encerramento devem conter informações sobre:

- lições aprendidas positivas e negativas;
- registros que possam complementar bases históricas técnicas ou gerenciais;
- documentação com informações relevantes advindas de todos os *stakeholders*;
- dados sobre as mudanças, aceites de entregas e benefícios gerados;

- resultados finais de indicadores tradicionais e de sustentabilidade;
- complementos para a base de riscos;
- informações sobre encerramentos de contratos e de procedimentos administrativos.

Na medida do possível, todos os *stakeholders* envolvidos nos portfólios, programas, projetos e operações sustentáveis devem participar da etapa, visto que suas vivências podem contribuir muito para um ativo valioso para a organização que é o conhecimento adquirido.

9
Operação Assistida

9.1. Acompanhamento pós-implantação

A OPERAÇÃO ASSISTIDA é um instrumento de gestão de mudanças, pois visa a consolidação de novas práticas e de um novo *mindset*. Para isso são necessárias algumas ações, como você pode ver no Quadro 13. Busca-se nesse momento que a mudança passe a fazer parte da rotina da organização e esteja integrada à sua cultura com o "menor sofrimento possível" dos indivíduos. Ou seja, com felicidade!

GESTÃO DA MUDANÇA

No período de Operação Assistida será necessário:

- **assegurar a sustentação da mudança nas operações;**
- **manter novas práticas;**
- **articular conexões entre novos comportamentos e o sucesso organizacional;**
- **incorporar o novo *mindset* sustentável à cultura da organização;**
- **monitorar os indicadores.**

Quadro 13. Gestão de mudanças para etapa de OPERAÇÃO ASSISTIDA

Nesse momento será posto em prova o comprometimento dos colaboradores nos diversos níveis da organização.

A etapa de OPERAÇÃO ASSISTIDA precisa ter o escopo bem definido, assim como o período de tempo e custo previstos. Um projeto que entra em operação pode necessitar ajustes em determinados aspectos mesmo quando a implantação monitorada já gerou algumas adaptações. A OPERAÇÃO ASSISTIDA também pode despertar novas necessidades, criando novas demandas.

Em qualquer fase do projeto, qualquer nova demanda sempre diz respeito a um novo requisito, já que não fazia parte do escopo original!

Novas demandas têm que ser aprovadas. Elas podem ser objeto de proposta comercial complementar e/ou de novas versões do plano de gerenciamento do projeto com o novo escopo proposto.

Durante a OPERAÇÃO ASSISTIDA deve-se manter mobilizados o *sponsor* e a estrutura de gerenciamento do projeto, mesmo que parcialmente, incorporando os guardiões da mudança, treinados e inseridos nos diversos níveis e áreas da organização para acompanhar a aderência dos colegas à nova cultura.

Pode-se identificar, por exemplo, que, apesar da capacitação feita com os colaboradores na etapa de IMPLANTAÇÃO, ainda será necessária alguma atividade complementar de capacitação (*on the fly*), o que pode ser feito em treinamentos convencionais, oficinas e *coaching* individual ou em grupo.

Caso a implantação do Modelo GES tenha sido feita com o acompanhamento de consultoria externa especializada, deve-se manter esse auxílio durante o período de OPERAÇÃO ASSISTIDA, com frequência combinada a cada caso.

Ao final da etapa de IMPLANTAÇÃO do projeto será revisado o plano de gerenciamento do projeto em relação a como a OPERAÇÃO ASSISTIDA ocorrerá: o período (*timebox*) ou a ocorrência de um evento para conclusão da etapa, os indicadores que serão usados, quem fará o acompanhamento e com que frequência, além de como os resultados serão reportados e para quem.

9.2. Ajustes

Os ajustes necessários podem caracterizar mudanças no projeto e, consequentemente, alterações em planos, contratos, soluções. O importante é que sejam gerenciados de perto para que possam ser planejados, caso não tenham sido previstos, e executados com acompanhamento dos *stakeholders* envolvidos. Os indicadores tradicionais e de sustentabilidade devem ser acompanhados para se ter certeza de que os ajustes tiveram o seu efeito alinhado com os resultados esperados.

É importante lembrar novamente que o Modelo GES propõe uma integração desde a fase de planejamento estratégico, quando se definem os indicadores e suas metas, até a emissão de relatórios integrados, quando se reportam os resultados desses mesmos indicadores. Os ajustes podem ser fundamentais para ter aceitações finais de resultados, ou mesmo a identificação de novas necessidades a serem implementadas no período seguinte.

9.3. Formalizando a operação assistida do projeto de mudança para o Modelo GES

Novas sessões para coletar e registrar as lições aprendidas devem ser realizadas ao longo da etapa de OPERAÇÃO ASSISTIDA. E, ao término da etapa, deverá ser elaborado um relatório final contendo informações referentes aos ajustes e às novas práticas implantadas, bem como aos benefícios percebidos no período.

Também ao final da etapa de OPERAÇÃO ASSISTIDA será assinado pelo cliente o Aceite Definitivo do Projeto.

10 Conclusão

A organização que hoje quer crescer não pode mais desprezar os aspectos sociais e ambientais do seu negócio. Não os tratar significa assumir riscos de não conseguir investimentos, perder clientes e pagar mais caro por insumos, entre tantos outros.

O Modelo GES traz uma mudança de cultura importante para as organizações na medida em que altera o *mindset* de todos os que direta ou indiretamente participam do negócio. Por isso as práticas de gestão de mudanças não podem ser descartadas. Além disso, o projeto gera novos conhecimentos, ativo valioso para as organizações, e a gestão do conhecimento vai garantir que eles não se percam nem fiquem somente em poder das pessoas, mas que possam ser reaplicados para incentivar a melhoria contínua.

O foco em integração do Modelo GES faz com que todos os *stakeholders* da organização passem a ter o mesmo entendimento sobre a estratégia escolhida, sua implementação e os resultados alcançados. Isso é possível a partir de tornar sustentáveis os processos de governança de planejamento estratégico, de escolha de programas e projetos para portfólios, de operações, além de reportar as informações financeiras alinhadas com as de sustentabilidade.

Dessa forma, entendendo o valor econômico-financeiro que a sustentabilidade traz em curto, médio e longo prazo, e avaliando bem todas as iniciativas em que serão gastos os seus recursos, muitas vezes escassos, as organizações terão maior possibilidade de obter um retorno sobre o investimento sustentável positivo, contribuindo para o seu lucro.

A chave para o sucesso do projeto de mudança para o Modelo GES é engajar os *stakeholders* certos! Isso deve acontecer desde o nascimento da ideia, passando pela sua venda, entendimento da materialidade, escolha da estrutura de sustentabilidade, revisão da estratégia, transformação dos portfólios e mudança nas operações, até o acompanhamento da operação assistida. O conhecimento e a experiência das pessoas envolvidas são os "ingredientes" fundamentais para "dar a liga" a todos esses processos, trazendo mudança do clima organizacional, aumento de produtividade, melhoria de imagem e, consequentemente, tornando as pessoas mais felizes!

Anexo 1
Agenda 2030 – ODS – Objetivos de Desenvolvimento Sustentável

A seguir são apresentados os ODSs e as 169 metas globais que os países têm que atingir (ONUBR, 2015). A ONU ainda disponibilizou 231 indicadores correspondentes às metas globais (UNITED NATIONS, s.d.).

Objetivo 1. Acabar com a pobreza em todas as suas formas, em todos os lugares.

1.1 Até 2030, erradicar a pobreza extrema para todas as pessoas em todos os lugares, atualmente medida como pessoas vivendo com menos de US$ 1,25 por dia.

1.2 Até 2030, reduzir pelo menos à metade a proporção de homens, mulheres e crianças, de todas as idades, que vivem na pobreza, em todas as suas dimensões, de acordo com as definições nacionais.

1.3 Implementar, em nível nacional, medidas e sistemas de proteção social adequados, para todos, incluindo pisos, e até 2030 atingir a cobertura substancial dos pobres e vulneráveis.

1.4 Até 2030, garantir que todos os homens e mulheres, particularmente os pobres e vulneráveis, tenham direitos iguais aos recursos econômicos, bem como o acesso a serviços básicos, propriedade e controle sobre a terra e outras formas de propriedade, herança, recursos naturais, novas tecnologias apropriadas e serviços financeiros, incluindo microfinanças.

1.5 Até 2030, construir a resiliência dos pobres e daqueles em situação de vulnerabilidade, e reduzir a exposição e vulnerabilidade destes a eventos extremos relacionados com o clima e outros choques e desastres econômicos, sociais e ambientais.

1.a Garantir uma mobilização significativa de recursos a partir de uma variedade de fontes, inclusive por meio do reforço da cooperação para o desenvolvimento, para proporcionar meios adequados e previsíveis para que os países em desenvolvimento, em particular os países menos desenvolvidos, implementem programas e políticas para acabar com a pobreza em todas as suas dimensões.

1.b Criar marcos políticos sólidos em níveis nacional, regional e internacional, com base em estratégias de desenvolvimento a favor dos pobres e sensíveis a gênero, para apoiar investimentos acelerados nas ações de erradicação da pobreza.

Objetivo 2. Acabar com a fome, alcançar a segurança alimentar e melhoria da nutrição e promover a agricultura sustentável.

2.1 Até 2030, acabar com a fome e garantir o acesso de todas as pessoas, em particular os pobres e pessoas em situações vulneráveis, incluindo crianças, a alimentos seguros, nutritivos e suficientes durante todo o ano.

2.2 Até 2030, acabar com todas as formas de desnutrição, incluindo atingir, até 2025, as metas acordadas internacionalmente sobre nanismo e caquexia em crianças menores de cinco anos de idade, e atender às necessidades nutricionais de adolescentes, mulheres grávidas e lactantes e pessoas idosas.

2.3 Até 2030, dobrar a produtividade agrícola e a renda dos pequenos produtores de alimentos, particularmente de mulheres, povos indígenas, agricultores familiares, pastores e pescadores, inclusive por meio de acesso seguro e igual à terra, outros recursos produtivos e insumos, conhecimento, serviços financeiros, mercados e oportunidades de agregação de valor e de emprego não agrícola.

2.4 Até 2030, garantir sistemas sustentáveis de produção de alimentos e implementar práticas agrícolas resilientes, que aumentem a produtividade e a produção, que ajudem a manter os ecossistemas, que fortaleçam a capacidade de adaptação às mudanças climáticas, às condições meteorológicas extremas, secas, inundações e outros desastres, e que melhorem progressivamente a qualidade da terra e do solo.

2.5 Até 2020, manter a diversidade genética de sementes, plantas cultivadas, animais de criação e domesticados e suas respectivas espécies selvagens, inclusive por meio de bancos de sementes e plantas diversificados e bem geridos em nível nacional, regional e internacional, e garantir o acesso e a repartição justa e equitativa dos benefícios decorrentes da utilização dos recursos genéticos e conhecimentos tradicionais associados, como acordado internacionalmente.

2.a Aumentar o investimento, inclusive via o reforço da cooperação internacional, em infraestrutura rural, pesquisa e extensão de serviços agrícolas, desenvolvimento de tecnologia, e os bancos de genes de plantas e animais, para aumentar a capacidade de produção agrícola nos países em desenvolvimento, em particular nos países menos desenvolvidos.

2.b Corrigir e prevenir as restrições ao comércio e distorções nos mercados agrícolas mundiais, incluindo a eliminação paralela de todas as formas de subsídios à exportação e todas as medidas de exportação com efeito equivalente, de acordo com o mandato da Rodada de Desenvolvimento de Doha.

2.c Adotar medidas para garantir o funcionamento adequado dos mercados de *commodities* de alimentos e seus derivados, e facilitar o acesso oportuno à informação de mercado, inclusive sobre as reservas de alimentos, a fim de ajudar a limitar a volatilidade extrema dos preços dos alimentos.

Objetivo 3. Assegurar uma vida saudável e promover o bem-estar para todos, em todas as idades.

3.1 Até 2030, reduzir a taxa de mortalidade materna global para menos de 70 mortes por 100.000 nascidos vivos.

3.2 Até 2030, acabar com as mortes evitáveis de recém-nascidos e crianças menores de 5 anos, com todos os países objetivando reduzir a mortalidade neonatal para pelo menos 12 por 1.000 nascidos vivos e a mortalidade de crianças menores de 5 anos para pelo menos 25 por 1.000 nascidos vivos.

3.3 Até 2030, acabar com as epidemias de AIDS, tuberculose, malária e doenças tropicais negligenciadas, e combater a hepatite, doenças transmitidas pela água e outras doenças transmissíveis.

3.4 Até 2030, reduzir em um terço a mortalidade prematura por doenças não transmissíveis via prevenção e tratamento, e promover a saúde mental e o bem-estar.

3.5 Reforçar a prevenção e o tratamento do abuso de substâncias, incluindo o abuso de drogas entorpecentes e uso nocivo do álcool.

3.6 Até 2020, reduzir pela metade as mortes e os ferimentos globais por acidentes em estradas.

3.7 Até 2030, assegurar o acesso universal aos serviços de saúde sexual e reprodutiva, incluindo o planejamento familiar, informação e educação, bem como a integração da saúde reprodutiva em estratégias e programas nacionais.

3.8 Atingir a cobertura universal de saúde, incluindo a proteção do risco financeiro, o acesso a serviços de saúde essenciais de qualidade e o acesso a medicamentos e vacinas essenciais seguros, eficazes, de qualidade e a preços acessíveis para todos.

3.9 Até 2030, reduzir substancialmente o número de mortes e doenças por produtos químicos perigosos, contaminação e poluição do ar e água do solo.

3.a Fortalecer a implementação da Convenção-Quadro para o Controle do Tabaco em todos os países, conforme apropriado.

3.b Apoiar a pesquisa e o desenvolvimento de vacinas e medicamentos para as doenças transmissíveis e não transmissíveis, que afetam principalmente os países em desenvolvimento, proporcionar o acesso a medicamentos e vacinas essenciais a preços acessíveis, de acordo com a Declaração de Doha, que afirma o direito dos países em desenvolvimento de utilizarem plenamente as disposições do acordo TRIPS sobre flexibilidades para proteger a saúde pública e, em particular, proporcionar o acesso a medicamentos para todos.

3.c Aumentar substancialmente o financiamento da saúde e o recrutamento, desenvolvimento e formação, e retenção do pessoal de saúde nos países em desenvolvimento, especialmente nos países menos desenvolvidos e nos pequenos Estados insulares em desenvolvimento.

3.d Reforçar a capacidade de todos os países, particularmente os países em desenvolvimento, para o alerta precoce, redução de riscos e gerenciamento de riscos nacionais e globais de saúde.

Objetivo 4. Assegurar a educação inclusiva e equitativa e de qualidade, e promover oportunidades de aprendizagem ao longo da vida para todos.

4.1 Até 2030, garantir que todas as meninas e meninos completem o ensino primário e secundário livre, equitativo e de qualidade, que conduza a resultados de aprendizagem relevantes e eficazes.

4.2 Até 2030, garantir que todas as meninas e meninos tenham acesso a um desenvolvimento de qualidade na primeira infância, cuidados e educação pré-escolar, de modo que eles estejam prontos para o ensino primário.

4.3 Até 2030, assegurar a igualdade de acesso para todos os homens e mulheres à educação técnica, profissional e superior de qualidade, a preços acessíveis, incluindo universidade.

4.4 Até 2030, aumentar substancialmente o número de jovens e adultos que tenham habilidades relevantes, inclusive competências técnicas e profissionais, para emprego, trabalho decente e empreendedorismo.

4.5 Até 2030, eliminar as disparidades de gênero na educação e garantir a igualdade de acesso a todos os níveis de educação e formação profissional para os mais vulneráveis, incluindo as pessoas com deficiência, povos indígenas e as crianças em situação de vulnerabilidade.

4.6 Até 2030, garantir que todos os jovens e uma substancial proporção dos adultos, homens e mulheres estejam alfabetizados e tenham adquirido o conhecimento básico de matemática.

4.7 Até 2030, garantir que todos os alunos adquiram conhecimentos e habilidades necessárias para promover o desenvolvimento sustentável, inclusive, entre outros, por meio da educação para o desenvolvimento sustentável e estilos de vida sustentáveis, direitos humanos, igualdade de gênero, promoção de uma cultura de paz e não violência, cidadania global e valorização da diversidade cultural e da contribuição da cultura para o desenvolvimento sustentável.

4.a Construir e melhorar instalações físicas para educação, apropriadas para crianças e sensíveis às deficiências e ao gênero, e que proporcionem ambientes de aprendizagem seguros e não violentos, inclusivos e eficazes para todos.

4.b Até 2020, substancialmente ampliar globalmente o número de bolsas de estudo para os países em desenvolvimento, em particular os países menos desenvolvidos, pequenos Estados insulares em desenvolvimento e os países africanos, para o ensino superior, incluindo programas de formação profissional, de tecnologia da informação e da comunicação, técnicos, de engenharia e programas científicos em países desenvolvidos e outros países em desenvolvimento.

4.c Até 2030, substancialmente aumentar o contingente de professores qualificados, inclusive por meio da cooperação internacional para a formação de professores, nos países em desenvolvimento, especialmente os países menos desenvolvidos e pequenos Estados insulares em desenvolvimento.

Objetivo 5. Alcançar a igualdade de gênero e empoderar todas as mulheres e meninas.

5.1 Acabar com todas as formas de discriminação contra todas as mulheres e meninas em toda parte.

5.2 Eliminar todas as formas de violência contra todas as mulheres e meninas nas esferas públicas e privadas, incluindo o tráfico e a exploração sexual e de outros tipos.

5.3 Eliminar todas as práticas nocivas, como os casamentos prematuros, forçados e de crianças e mutilações genitais femininas.

5.4 Reconhecer e valorizar o trabalho de assistência e doméstico não remunerado, por meio da disponibilização de serviços públicos, infraestrutura e políticas de proteção social, bem como a promoção da responsabilidade compartilhada dentro do lar e da família, conforme os contextos nacionais.

5.5 Garantir a participação plena e efetiva das mulheres e a igualdade de oportunidades para a liderança em todos os níveis de tomada de decisão na vida política, econômica e pública.

5.6 Assegurar o acesso universal à saúde sexual e reprodutiva e os direitos reprodutivos, como acordado em conformidade com o Programa de Ação da Conferência Internacional sobre População e Desenvolvimento e com a Plataforma de Ação de Pequim e os documentos resultantes de suas conferências de revisão.

5.a Realizar reformas para dar às mulheres direitos iguais aos recursos econômicos, bem como o acesso a propriedade e controle sobre a terra e outras formas de propriedade, serviços financeiros, herança e os recursos naturais, de acordo com as leis nacionais.

5.b Aumentar o uso de tecnologias de base, em particular as tecnologias de informação e comunicação, para promover o empoderamento das mulheres.

5.c Adotar e fortalecer políticas sólidas e legislação aplicável para a promoção da igualdade de gênero e o empoderamento de todas as mulheres e meninas em todos os níveis.

Objetivo 6. Assegurar a disponibilidade e gestão sustentável da água e saneamento para todos.

6.1 Até 2030, alcançar o acesso universal e equitativo a água potável e segura para todos.

6.2 Até 2030, alcançar o acesso a saneamento e higiene adequados e equitativos para todos, e acabar com a defecação a céu aberto, com especial atenção para as necessidades das mulheres e meninas e daqueles em situação de vulnerabilidade.

6.3 Até 2030, melhorar a qualidade da água, reduzindo a poluição, eliminando despejo e minimizando a liberação de produtos químicos e materiais perigosos, reduzindo à metade a proporção de águas residuais não tratadas e aumentando substancialmente a reciclagem e reutilização segura globalmente.

6.4 Até 2030, aumentar substancialmente a eficiência do uso da água em todos os setores e assegurar retiradas sustentáveis e o abastecimento de água doce para enfrentar a escassez de água, e reduzir substancialmente o número de pessoas que sofrem com a escassez de água.

6.5 Até 2030, implementar a gestão integrada dos recursos hídricos em todos os níveis, inclusive via cooperação transfronteiriça, conforme apropriado.

6.6 Até 2020, proteger e restaurar ecossistemas relacionados com a água, incluindo montanhas, florestas, zonas úmidas, rios, aquíferos e lagos.

6.a Até 2030, ampliar a cooperação internacional e o apoio à capacitação para os países em desenvolvimento em atividades e programas relacionados à água e ao saneamento, incluindo a coleta de água, a dessalinização, a eficiência no uso da água, o tratamento de efluentes, a reciclagem e as tecnologias de reúso.

6.b Apoiar e fortalecer a participação das comunidades locais, para melhorar a gestão da água e do saneamento.

Objetivo 7. Assegurar o acesso confiável, sustentável, moderno e a preço acessível à energia para todos.

7.1 Até 2030, assegurar o acesso universal, confiável, moderno e a preços acessíveis a serviços de energia.

7.2 Até 2030, aumentar substancialmente a participação de energias renováveis na matriz energética global.

7.3 Até 2030, dobrar a taxa global de melhoria da eficiência energética.

7.a Até 2030, reforçar a cooperação internacional para facilitar o acesso a pesquisa e tecnologias de energia limpa, incluindo energias renováveis, eficiência energética e tecnologias de combustíveis fósseis avançadas e mais limpas, e promover o investimento em infraestrutura de energia e em tecnologias de energia limpa.

7.b Até 2030, expandir a infraestrutura e modernizar a tecnologia para o fornecimento de serviços de energia modernos e sustentáveis para todos nos países em desenvolvimento, particularmente nos países menos desenvolvidos, nos pequenos Estados insulares em desenvolvimento e nos países em desenvolvimento sem litoral, de acordo com seus respectivos programas de apoio.

Objetivo 8. Promover o crescimento econômico sustentado, inclusivo e sustentável, emprego pleno e produtivo e trabalho decente para todos.

8.1 Sustentar o crescimento econômico *per capita* de acordo com as circunstâncias nacionais e, em particular, um crescimento anual de pelo menos 7% do produto interno bruto (PIB) nos países menos desenvolvidos.

8.2 Atingir níveis mais elevados de produtividade das economias por meio da diversificação, modernização tecnológica e inovação, inclusive por meio de um foco em setores de alto valor agregado e dos setores intensivos em mão de obra.

8.3 Promover políticas orientadas para o desenvolvimento que apoiem as atividades produtivas, geração de emprego decente, empreendedorismo, criatividade e inovação, e incentivar a formalização e o crescimento das micro, pequenas e médias organizações, inclusive por meio do acesso a serviços financeiros.

8.4 Melhorar progressivamente, até 2030, a eficiência dos recursos globais no consumo e na produção, e empenhar-se para dissociar o crescimento econômico da degradação ambiental, de acordo com o Plano Decenal de Programas sobre Produção e Consumo Sustentáveis, com os países desenvolvidos assumindo a liderança.

8.5 Até 2030, alcançar o emprego pleno e produtivo e trabalho decente todas as mulheres e homens, inclusive para os jovens e as pessoas com deficiência, e remuneração igual para trabalho de igual valor.

8.6 Até 2020, reduzir substancialmente a proporção de jovens sem emprego, educação ou formação.

8.7 Tomar medidas imediatas e eficazes para erradicar o trabalho forçado, acabar com a escravidão moderna e o tráfico de pessoas, e assegurar a proibição e eliminação das piores formas de trabalho infantil, incluindo recrutamento e utilização de crianças-soldado, e até 2025 acabar com o trabalho infantil em todas as suas formas.

8.8 Proteger os direitos trabalhistas e promover ambientes de trabalho seguros e protegidos para todos os trabalhadores, incluindo os trabalhadores migrantes, em particular as mulheres migrantes, e pessoas em empregos precários.

8.9 Até 2030, elaborar e implementar políticas para promover o turismo sustentável, que gera empregos e promove a cultura e os produtos locais.

8.10 Fortalecer a capacidade das instituições financeiras nacionais para incentivar a expansão do acesso aos serviços bancários, de seguros e financeiros para todos.

8.a Aumentar o apoio da Iniciativa de Ajuda para o Comércio (*Aid for Trade*) para os países em desenvolvimento, particularmente os países menos desenvolvidos, inclusive por meio do Quadro Integrado Reforçado para a Assistência Técnica Relacionada com o Comércio para os países menos desenvolvidos.

8.b Até 2020, desenvolver e operacionalizar uma estratégia global para o emprego dos jovens e implementar o Pacto Mundial para o Emprego da Organização Internacional do Trabalho [OIT].

Objetivo 9. Construir infraestruturas resilientes, promover a industrialização inclusiva e sustentável e fomentar a inovação.

9.1 Desenvolver infraestrutura de qualidade, confiável, sustentável e resiliente, incluindo infraestrutura regional e transfronteiriça, para apoiar o desenvolvimento econômico e o bem-estar humano, com foco no acesso equitativo e a preços acessíveis para todos.

9.2 Promover a industrialização inclusiva e sustentável e, até 2030, aumentar significativamente a participação da indústria no setor de emprego e no PIB, de acordo com as circunstâncias nacionais, e dobrar sua participação nos países menos desenvolvidos.

9.3 Aumentar o acesso das pequenas indústrias e outras organizações, particularmente em países em desenvolvimento, aos serviços financeiros, incluindo crédito acessível e sua integração em cadeias de valor e mercados.

9.4 Até 2030, modernizar a infraestrutura e reabilitar as indústrias para torná-las sustentáveis, com eficiência aumentada no uso de recursos e maior adoção de tecnologias e processos industriais limpos e ambientalmente corretos; com todos os países atuando de acordo com suas respectivas capacidades.

9.5 Fortalecer a pesquisa científica, melhorar as capacidades tecnológicas de setores industriais em todos os países, particularmente os países em desenvolvimento, inclusive, até 2030, incentivando a inovação e aumentando substancialmente o número de trabalhadores de pesquisa e desenvolvimento por milhão de pessoas e os gastos público e privado em pesquisa e desenvolvimento.

9.a Facilitar o desenvolvimento de infraestrutura sustentável e resiliente em países em desenvolvimento, por meio de maior apoio financeiro, tecnológico e técnico aos países africanos, aos países menos desenvolvidos, aos países em desenvolvimento sem litoral e aos pequenos Estados insulares em desenvolvimento.

9.b Apoiar o desenvolvimento tecnológico, a pesquisa e a inovação nacionais nos países em desenvolvimento, inclusive garantindo um ambiente político propício para, entre outras coisas, a diversificação industrial e a agregação de valor às *commodities*.

9.c Aumentar significativamente o acesso às tecnologias de informação e comunicação e se empenhar para oferecer acesso universal e a preços acessíveis à internet nos países menos desenvolvidos, até 2020.

Objetivo 10. Reduzir a desigualdade dentro dos países e entre eles.

10.1 Até 2030, progressivamente alcançar e sustentar o crescimento da renda dos 40% da população mais pobre a uma taxa maior que a média nacional.

10.2 Até 2030, empoderar e promover a inclusão social, econômica e política de todos, independentemente da idade, gênero, deficiência, raça, etnia, origem, religião, condição econômica ou outra.

10.3 Garantir a igualdade de oportunidades e reduzir as desigualdades de resultados, inclusive por meio da eliminação de leis, políticas e práticas discriminatórias e da promoção de legislação, políticas e ações adequadas a este respeito.

10.4 Adotar políticas, especialmente fiscal, salarial e de proteção social, e alcançar progressivamente uma maior igualdade.

10.5 Melhorar a regulamentação e o monitoramento dos mercados e das instituições financeiras globais e fortalecer a implementação de tais regulamentações.

10.6 Assegurar uma representação e voz mais forte dos países em desenvolvimento em tomadas de decisão nas instituições econômicas e financeiras internacionais globais, a fim de produzir instituições mais eficazes, críveis, responsáveis e legítimas.

10.7 Facilitar a migração e a mobilidade ordenada, segura, regular e responsável das pessoas, inclusive por meio da implementação de políticas de migração planejadas e bem geridas.

10.a Implementar o princípio do tratamento especial e diferenciado para países em desenvolvimento, em particular os países menos desenvolvidos, em conformidade com os acordos da OMC.

10.b Incentivar a assistência oficial ao desenvolvimento e aos fluxos financeiros, incluindo o investimento externo direto, para os Estados onde a necessidade é maior, em particular os países menos desenvolvidos, os países africanos, os pequenos Estados insulares em desenvolvimento e os países em desenvolvimento sem litoral, de acordo com seus planos e programas nacionais.

10.c Até 2030, reduzir para menos de 3% os custos de transação de remessas dos migrantes e eliminar os corredores de remessas com custos superiores a 5%.

Objetivo 11. Tornar as cidades e os assentamentos humanos inclusivos, seguros, resilientes e sustentáveis.

11.1 Até 2030, garantir o acesso de todos à habitação segura, adequada e a preço acessível, e aos serviços básicos e urbanizar as favelas.

11.2 Até 2030, proporcionar o acesso a sistemas de transporte seguros, acessíveis, sustentáveis e a preço acessível para todos, melhorando a segurança rodoviária por meio da expansão dos transportes públicos, com especial atenção para as necessidades das pessoas em situação de vulnerabilidade, mulheres, crianças, pessoas com deficiência e idosos.

11.3 Até 2030, aumentar a urbanização inclusiva e sustentável, e as capacidades para o planejamento e gestão de assentamentos humanos participativos, integrados e sustentáveis, em todos os países.

11.4 Fortalecer esforços para proteger e salvaguardar o patrimônio cultural e natural do mundo.

11.5 Até 2030, reduzir significativamente o número de mortes e o número de pessoas afetadas por catástrofes e substancialmente diminuir as perdas econômicas diretas causadas por elas em relação ao produto interno bruto global, incluindo os desastres relacionados à água, com o foco em proteger os pobres e as pessoas em situação de vulnerabilidade.

11.6 Até 2030, reduzir o impacto ambiental negativo *per capita* das cidades, inclusive prestando especial atenção à qualidade do ar, gestão de resíduos municipais e outros.

11.7 Até 2030, proporcionar o acesso universal a espaços públicos seguros, inclusivos, acessíveis e verdes, particularmente para as mulheres e crianças, pessoas idosas e pessoas com deficiência.

11.a Apoiar relações econômicas, sociais e ambientais positivas entre áreas urbanas, periurbanas e rurais, reforçando o planejamento nacional e regional de desenvolvimento.

11.b Até 2020, aumentar substancialmente o número de cidades e assentamentos humanos adotando e implementando políticas e planos integrados para a inclusão, a eficiência dos recursos, mitigação e adaptação às mudanças climáticas, a resiliência a desastres; e desenvolver e implementar, de acordo com o Marco de Sendai para a Redução do Risco de Desastres 2015-2030, o gerenciamento holístico do risco de desastres em todos os níveis.

11.c Apoiar os países menos desenvolvidos, inclusive por meio de assistência técnica e financeira, para construções sustentáveis e resilientes, utilizando materiais locais.

Objetivo 12. Assegurar padrões de produção e de consumo sustentáveis.

12.1 Implementar o Plano Decenal de Programas sobre Produção e Consumo Sustentáveis, com todos os países tomando medidas, e os países desenvolvidos assumindo a liderança, tendo em conta o desenvolvimento e as capacidades dos países em desenvolvimento.

12.2 Até 2030, alcançar a gestão sustentável e o uso eficiente dos recursos naturais.

12.3 Até 2030, reduzir pela metade o desperdício de alimentos *per capita* mundial, nos níveis de varejo e do consumidor, e reduzir as perdas de alimentos ao longo das cadeias de produção e abastecimento, incluindo as perdas pós-colheita.

12.4 Até 2020, alcançar o manejo ambientalmente saudável dos produtos químicos e todos os resíduos, ao longo de todo o ciclo de vida destes, de acordo com os marcos internacionais acordados, e reduzir significativamente a liberação destes para o ar, água e solo, para minimizar seus impactos negativos sobre a saúde humana e o meio ambiente.

12.5 Até 2030, reduzir substancialmente a geração de resíduos por meio da prevenção, redução, reciclagem e reúso.

12.6 Incentivar as organizações, especialmente as organizações grandes e transnacionais, a adotar práticas sustentáveis e a integrar informações de sustentabilidade em seu ciclo de relatórios.

12.7 Promover práticas de compras públicas sustentáveis, de acordo com as políticas e prioridades nacionais.

12.8 Até 2030, garantir que as pessoas, em todos os lugares, tenham informação relevante e conscientização para o desenvolvimento sustentável e estilos de vida em harmonia com a natureza.

12.a Apoiar países em desenvolvimento a fortalecer suas capacidades científicas e tecnológicas para mudar para padrões mais sustentáveis de produção e consumo.

12.b Desenvolver e implementar ferramentas para monitorar os impactos do desenvolvimento sustentável para o turismo sustentável, que gera empregos, promove a cultura e os produtos locais.

12.c Racionalizar subsídios ineficientes aos combustíveis fósseis, que encorajam o consumo exagerado, eliminando as distorções de mercado, de acordo com as circunstâncias nacionais, inclusive por meio da reestruturação fiscal e a eliminação gradual desses subsídios prejudiciais, caso existam, para refletir os seus impactos ambientais, tendo plenamente em conta as necessidades específicas e condições dos países em desenvolvimento e minimizando os possíveis impactos adversos sobre o seu desenvolvimento de uma forma que proteja os pobres e as comunidades afetadas.

Objetivo 13. Tomar medidas urgentes para combater a mudança do clima e seus impactos.

13.1 Reforçar a resiliência e a capacidade de adaptação a riscos relacionados ao clima e às catástrofes naturais em todos os países.

13.2 Integrar medidas da mudança do clima nas políticas, estratégias e planejamentos nacionais.

13.3 Melhorar a educação, aumentar a conscientização e a capacidade humana e institucional sobre mitigação, adaptação, redução de impacto e alerta precoce da mudança do clima.

13.a Implementar o compromisso assumido pelos países desenvolvidos partes da Convenção Quadro das Nações Unidas sobre Mudança do Clima (UNFCCC) para a meta de mobilizar conjuntamente US$ 100 bilhões por ano a partir de 2020, de todas as fontes, para atender às necessidades dos países em desenvolvimento, no contexto das ações de mitigação significativas e transparência na implementação; e operacionalizar plenamente o Fundo Verde para o Clima por meio de sua capitalização o mais cedo possível.

13.b Promover mecanismos para a criação de capacidades para o planejamento relacionado à mudança do clima e à gestão eficaz, nos países menos desenvolvidos, inclusive com foco em mulheres, jovens, comunidades locais e marginalizadas.

Objetivo 14. Conservação e uso sustentável dos oceanos, dos mares e dos recursos marinhos para o desenvolvimento sustentável.

14.1 Até 2025, prevenir e reduzir significativamente a poluição marinha de todos os tipos, especialmente a advinda de atividades terrestres, incluindo detritos marinhos e a poluição por nutrientes.

14.2 Até 2020, gerir de forma sustentável e proteger os ecossistemas marinhos e costeiros para evitar impactos adversos significativos, inclusive por meio do reforço da sua capacidade de resiliência, e tomar medidas para a sua restauração, a fim de assegurar oceanos saudáveis e produtivos.

14.3 Minimizar e enfrentar os impactos da acidificação dos oceanos, inclusive por meio do reforço da cooperação científica em todos os níveis.

14.4 Até 2020, efetivamente regular a coleta, e acabar com a sobrepesca, ilegal, não reportada e não regulamentada e as práticas de pesca destrutivas, e implementar planos de gestão com base científica, para restaurar populações de peixes no menor tempo possível, pelo menos a níveis que possam produzir rendimento máximo sustentável, como determinado por suas características biológicas.

14.5 Até 2020, conservar pelo menos 10% das zonas costeiras e marinhas, de acordo com a legislação nacional e internacional, e com base na melhor informação científica disponível.

14.6 Até 2020, proibir certas formas de subsídios à pesca, que contribuem para a sobrecapacidade e a sobrepesca, e eliminar os subsídios que contribuam para a pesca ilegal, não reportada e não regulamentada, e abster-se de introduzir novos subsídios como estes, reconhecendo que o tratamento especial e diferenciado adequado e eficaz para os países em desenvolvimento e os países menos desenvolvidos deve ser parte integrante da negociação sobre subsídios à pesca da Organização Mundial do Comércio.

14.7 Até 2030, aumentar os benefícios econômicos para os pequenos Estados insulares em desenvolvimento e os países menos desenvolvidos, a partir do uso sustentável dos recursos marinhos, inclusive por meio de uma gestão sustentável da pesca, aquicultura e turismo.

14.a Aumentar o conhecimento científico, desenvolver capacidades de pesquisa e transferir tecnologia marinha, tendo em conta os critérios e as orientações sobre a Transferência de Tecnologia Marinha da Comissão Oceanográfica Intergovernamental, a fim de melhorar a saúde dos oceanos e aumentar a contribuição da biodiversidade marinha para o desenvolvimento dos países em desenvolvimento, em particular os pequenos Estados insulares em desenvolvimento e os países menos desenvolvidos.

14.b Proporcionar o acesso dos pescadores artesanais de pequena escala aos recursos marinhos e mercados.

14.c Assegurar a conservação e o uso sustentável dos oceanos e seus recursos pela implementação do direito internacional, como refletido na UNCLOS (Convenção das Nações Unidas sobre o Direito do Mar), que provê o arcabouço legal para a conservação e utilização sustentável dos oceanos e dos seus recursos, conforme registrado no parágrafo 158 do "Futuro Que Queremos".

Objetivo 15. Proteger, recuperar e promover o uso sustentável dos ecossistemas terrestres, gerir de forma sustentável as florestas, combater a desertificação, deter e reverter a degradação da terra e deter a perda de biodiversidade.

15.1 Até 2020, assegurar a conservação, a recuperação e o uso sustentável de ecossistemas terrestres e de água doce interiores e seus serviços, em especial florestas, zonas úmidas, montanhas e terras áridas, em conformidade com as obrigações decorrentes dos acordos internacionais.

15.2 Até 2020, promover a implementação da gestão sustentável de todos os tipos de florestas, deter o desmatamento, restaurar florestas degradadas e aumentar substancialmente o florestamento e o reflorestamento globalmente.

15.3 Até 2030, combater a desertificação, restaurar a terra e o solo degradado, incluindo terrenos afetados pela desertificação, secas e inundações, e lutar para alcançar um mundo neutro em termos de degradação do solo.

15.4 Até 2030, assegurar a conservação dos ecossistemas de montanha, incluindo a sua biodiversidade, para melhorar a sua capacidade de proporcionar benefícios que são essenciais para o desenvolvimento sustentável.

15.5 Tomar medidas urgentes e significativas para reduzir a degradação de habitat naturais, deter a perda de biodiversidade e, até 2020, proteger e evitar a extinção de espécies ameaçadas.

15.6 Garantir uma repartição justa e equitativa dos benefícios derivados da utilização dos recursos genéticos e promover o acesso adequado aos recursos genéticos.

15.7 Tomar medidas urgentes para acabar com a caça ilegal e o tráfico de espécies da flora e fauna protegidas e abordar tanto a demanda quanto a oferta de produtos ilegais da vida selvagem.

15.8 Até 2020, implementar medidas para evitar a introdução e reduzir significativamente o impacto de espécies exóticas invasoras em ecossistemas terrestres e aquáticos, e controlar ou erradicar as espécies prioritárias.

15.9 Até 2020, integrar os valores dos ecossistemas e da biodiversidade ao planejamento nacional e local, nos processos de desenvolvimento, nas estratégias de redução da pobreza e nos sistemas de contas.

15.a Mobilizar e aumentar significativamente, a partir de todas as fontes, os recursos financeiros para a conservação e o uso sustentável da biodiversidade e dos ecossistemas.

15.b Mobilizar recursos significativos de todas as fontes e em todos os níveis para financiar o manejo florestal sustentável e proporcionar incentivos adequados aos países em desenvolvimento para promover o manejo florestal sustentável, inclusive para a conservação e o reflorestamento.

15.c Reforçar o apoio global para os esforços de combate à caça ilegal e ao tráfico de espécies protegidas, inclusive por meio do aumento da capacidade das comunidades locais para buscar oportunidades de subsistência sustentável.

Objetivo 16. Promover sociedades pacíficas e inclusivas para o desenvolvimento sustentável, proporcionar o acesso à justiça para todos e construir instituições eficazes, responsáveis e inclusivas em todos os níveis.

16.1 Reduzir significativamente todas as formas de violência e as taxas de mortalidade relacionada em todos os lugares.

16.2 Acabar com abuso, exploração, tráfico e todas as formas de violência e tortura contra crianças.

16.3 Promover o Estado de Direito, em nível nacional e internacional, e garantir a igualdade de acesso à justiça para todos.

16.4 Até 2030, reduzir significativamente os fluxos financeiros e de armas ilegais, reforçar a recuperação e devolução de recursos roubados e combater todas as formas de crime organizado.

16.5 Reduzir substancialmente a corrupção e o suborno em todas as suas formas.

16.6 Desenvolver instituições eficazes, responsáveis e transparentes em todos os níveis.

16.7 Garantir a tomada de decisão responsiva, inclusiva, participativa e representativa em todos os níveis.

16.8 Ampliar e fortalecer a participação dos países em desenvolvimento nas instituições de governança global.

16.9 Até 2030, fornecer identidade legal para todos, incluindo o registro de nascimento.

16.10 Assegurar o acesso público à informação e proteger as liberdades fundamentais, em conformidade com a legislação nacional e os acordos internacionais.

16.a Fortalecer as instituições nacionais relevantes, inclusive por meio da cooperação internacional, para a construção de capacidades em todos os níveis, em particular nos países em desenvolvimento, para a prevenção da violência e o combate ao terrorismo e ao crime.

16.b Promover e fazer cumprir leis e políticas não discriminatórias para o desenvolvimento sustentável.

Objetivo 17. Fortalecer os meios de implementação e revitalizar a parceria global para o desenvolvimento sustentável.

Finanças

17.1 Fortalecer a mobilização de recursos internos, inclusive por meio do apoio internacional aos países em desenvolvimento, para melhorar a capacidade nacional para arrecadação de impostos e outras receitas.

17.2 Países desenvolvidos implementarem plenamente os seus compromissos em matéria de assistência oficial ao desenvolvimento (AOD), inclusive fornecer 0,7% da renda nacional bruta (RNB) em AOD aos países em desenvolvimento, dos quais 0,15% a 0,20% para os países menos desenvolvidos; provedores de AOD são encorajados a considerar a definir uma meta para fornecer pelo menos 0,20% da renda nacional bruta em AOD para os países menos desenvolvidos.

17.3 Mobilizar recursos financeiros adicionais para os países em desenvolvimento a partir de múltiplas fontes.

17.4 Ajudar os países em desenvolvimento a alcançar a sustentabilidade da dívida de longo prazo por meio de políticas coordenadas destinadas a promover o financiamento, a redução e a reestruturação da dívida, conforme apropriado, e tratar da dívida externa dos países pobres altamente endividados para reduzir o superendividamento.

17.5 Adotar e implementar regimes de promoção de investimentos para os países menos desenvolvidos.

Tecnologia

17.6 Melhorar a cooperação Norte-Sul, Sul-Sul e triangular regional e internacional e o acesso à ciência, tecnologia e inovação, e aumentar o compartilhamento de conhecimentos em termos mutuamente acordados, inclusive por meio de uma melhor coordenação entre os mecanismos existentes, particularmente no nível das Nações Unidas, e por meio de um mecanismo de facilitação de tecnologia global.

17.7 Promover o desenvolvimento, a transferência, a disseminação e a difusão de tecnologias ambientalmente corretas para os países em desenvolvimento, em condições favoráveis, inclusive em condições concessionais e preferenciais, conforme mutuamente acordado.

17.8 Operacionalizar plenamente o Banco de Tecnologia e o mecanismo de capacitação em ciência, tecnologia e inovação para os países menos desenvolvidos até 2017, e aumentar o uso de tecnologias de capacitação, em particular das tecnologias de informação e comunicação.

Capacitação

17.9 Reforçar o apoio internacional para a implementação eficaz e orientada da capacitação em países em desenvolvimento, a fim de apoiar os planos nacionais para implementar todos os objetivos de desenvolvimento sustentável, inclusive por meio da cooperação Norte-Sul, Sul-Sul e triangular.

Comércio

17.10 Promover um sistema multilateral de comércio universal, baseado em regras, aberto, não discriminatório e equitativo no âmbito da Organização Mundial do Comércio, inclusive por meio da conclusão das negociações no âmbito de sua Agenda de Desenvolvimento de Doha.

17.11 Aumentar significativamente as exportações dos países em desenvolvimento, em particular com o objetivo de duplicar a participação dos países menos desenvolvidos nas exportações globais até 2020.

17.12 Concretizar a implementação oportuna de acesso a mercados livres de cotas e taxas, de forma duradoura, para todos os países menos desenvolvidos, de acordo com as decisões da OMC, inclusive por meio de garantias de que as regras de origem preferenciais aplicáveis às importações provenientes de países menos desenvolvidos sejam transparentes e simples, e contribuam para facilitar o acesso ao mercado.

Questões sistêmicas

Coerência de políticas e institucional

17.13 Aumentar a estabilidade macroeconômica global, inclusive por meio da coordenação e da coerência de políticas.

17.14 Aumentar a coerência das políticas para o desenvolvimento sustentável.

17.15 Respeitar o espaço político e a liderança de cada país para estabelecer e implementar políticas para a erradicação da pobreza e o desenvolvimento sustentável.

As parcerias multissetoriais

17.16 Reforçar a parceria global para o desenvolvimento sustentável, complementada por parcerias multissetoriais que mobilizem e compartilhem conhecimento, expertise, tecnologia e recursos financeiros, para apoiar a realização dos objetivos do desenvolvimento sustentável em todos os países, particularmente nos países em desenvolvimento.

17.17 Incentivar e promover parcerias públicas, público-privadas e com a sociedade civil eficazes, a partir da experiência das estratégias de mobilização de recursos dessas parcerias.

Dados, monitoramento e prestação de contas

17.18 Até 2020, reforçar o apoio à capacitação para os países em desenvolvimento, inclusive para os países menos desenvolvidos e pequenos Estados insulares em desenvolvimento, para aumentar significativamente a disponibilidade de dados de alta qualidade, atuais e confiáveis, desagregados por renda, gênero, idade, raça, etnia, status migratório, deficiência, localização geográfica e outras características relevantes em contextos nacionais.

17.19 Até 2030, valer-se de iniciativas existentes para desenvolver medidas do progresso do desenvolvimento sustentável que complementem o produto interno bruto (PIB) e apoiem a capacitação estatística nos países em desenvolvimento.

Anexo 2
Projeto Sustentável

Para melhor entendimento dos cuidados que devem ser tomados para gerar resultados para uma organização a partir de um planejamento estratégico sustentável, o projeto Pesquisa de Novas Receitas foi escolhido como exemplo para demonstrar como isso pode acontecer com a Rede de Restaurantes ABC.

Na fase de iniciação, o termo de abertura, que define o início formal do projeto, deve ser emitido contendo os objetivos estratégicos tradicionais e sustentáveis, "herdados" dos processos de avaliação de ideias para o portfólio e de estruturação do programa a que ele eventualmente pertence. Os indicadores e metas correspondentes deverão ser usados pelo gerente do projeto na avaliação de desempenho e na demonstração de resultados.

No exemplo da Rede de Restaurantes ABC, o termo de abertura do projeto Pesquisa de Novas Receitas deverá conter o objetivo estratégico sustentável "Reduzir descarte de resíduo sólido" associado com o ODS12. As novas receitas pesquisadas e aprovadas para compor o novo cardápio dos restaurantes da Rede ABC deverão contribuir com parte dos 20% que os indicadores de redução e descarte de resíduos sólidos produzidos e descartados devem atingir. Esse valor pode ser menor ou igual a 20% e será definido no gerenciamento de portfólio. Dessa forma, o impacto no capital ambiental da organização, conforme planejado no BSCSus (seção 6.1), poderá ser alcançado e mantido após a finalização da OPERAÇÃO ASSISTIDA, justificando o investimento feito no projeto.

O termo de abertura deve ser apresentado a todos os *stakeholders* conhecidos no momento da iniciação do projeto, em uma reunião de *kick-off*, para que todos saibam quais indicadores deverão ser incluídos e como eles serão medidos.

As alternativas para alcançá-los serão definidas na fase de planejamento, pelos mesmos *stakeholders* e por outros que possam ser identificados posteriormente.

Na fase de planejamento, cada plano auxiliar tradicional que compõe o plano de gerenciamento do projeto deve ter uma abordagem específica relacionada aos impactos sociais, ambientais e/ou econômicos positivos:

1. ***Stakeholders*** – Diretores, gerentes, membros de equipe ou especialistas em sustentabilidade devem começar a participar do projeto na fase de estudos de viabilidade ou, ao menos, da reunião de *kick-off* do projeto para entendimento de como ele pode atender aos objetivos estratégicos sustentáveis, além dos tradicionais, da organização. Os especialistas em finanças devem contribuir alinhados com os de sustentabilidade para garantir os aspectos relacionados à valoração e aos resultados financeiros positivos do projeto em médio e longo prazo. Esses profissionais têm que estar incluídos no plano de *stakeholders*, pois podem apontar alternativas inovadoras, muito diferentes daquelas usadas pelos que desconhecem o assunto sustentabilidade e costumam seguir por caminhos tradicionais, já utilizados anteriormente. Eles também serão parte importante para conscientizar todos os *stakeholders* sobre o caráter sustentável dos projetos e as vantagens de se trabalhar dentro dos princípios sustentáveis.

Outro aspecto novo é que um projeto sustentável tem foco em preservar os interesses não somente de gerações atuais, mas também das futuras. Logo, *stakeholders* relacionados a suporte à comunidade, políticas públicas, segurança, saúde e privacidade do consumidor, embalagem de produtos, propaganda e marketing consciente devem também ser considerados importantes para o projeto sustentável.

2. **Escopo** – O gerenciamento de escopo, junto ao de *stakeholders*, é o ponto de partida para o gerenciamento de outras áreas de conhecimento. Como já visto, o projeto nasce já avaliado em relação a sua sustentabilidade, herdada do portfólio sustentável a que pertence. Assim, no planejamento do escopo, entregas relacionadas aos indicadores sustentáveis (KSI) que serão medidos têm que ser consideradas. Isso garantirá a transparência e a rastreabilidade dos resultados. Premissas e restrições relacionadas à sustentabilidade também devem constar do planejamento. Os *stakeholders* com conhecimento e interesse em sustentabilidade bem escolhidos ajudarão a pensar em alternativas socioambientais mais adequadas para o projeto (relacionadas à emissão de CO_2 por energia utilizada, consumo, tratamento e reutilização de água, etc.), sem desconsiderar os custos e o retorno financeiro em longo prazo, definidos quando o projeto era somente uma ideia. As alternativas sustentáveis configuram oportunidades de tornar o projeto mais sustentável como um todo, e mais barato, ainda na fase de definição de escopo, caso não tenham sido identificadas na fase de estudo de viabilidade. Dependendo do ODS a ser cumprido, pode ser necessário desenvolver um escopo específico para ele. No projeto exemplo, se a

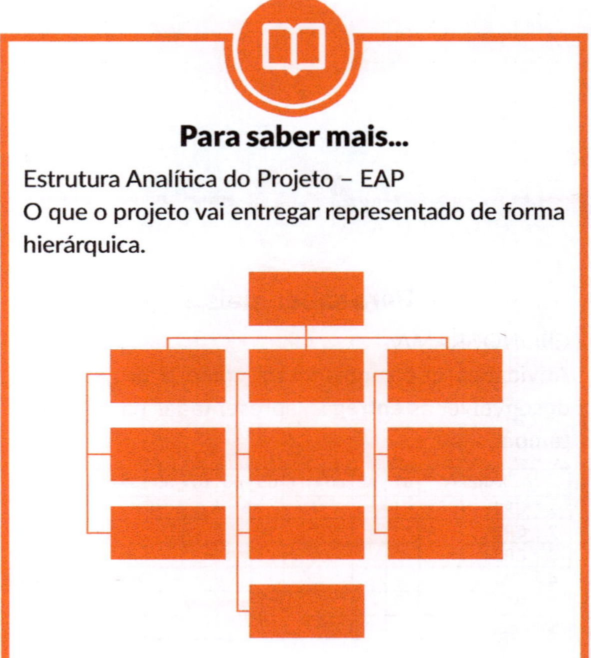
Para saber mais...
Estrutura Analítica do Projeto – EAP
O que o projeto vai entregar representado de forma hierárquica.

atividade de pesquisa tem como objetivo elaborar novas receitas que utilizem cascas e sementes, reduzindo a produção e o descarte de resíduo sólido, o projeto terá que incluir na Estrutura Analítica do Projeto (EAP) pacotes de trabalho específicos que podem envolver idealização das receitas, pesquisa de fornecedores de insumos orgânicos, processos de produção e armazenamento, teste com consumidores, etc. Essas entregas do projeto são sustentáveis, na medida em que geram impactos ambientais positivos, que podem ser mensurados, mesmo sem fazer parte do BSCSus.

Entregas de longo prazo que resguardem os resultados do projeto podem aumentar o escopo e devem constar na EAP, como, por exemplo, a medição da produção de resíduos sólidos durante a **OPERAÇÃO ASSISTIDA**.

3. **Tempo** – Todos os pacotes de trabalho ou entregas do projeto, sustentáveis ou não, podem ser desenvolvidos a partir de alternativas consideradas sustentáveis. Elas serão representadas por atividades que geram impactos socioambientais positivos ou minimizam os negativos. Como exemplo, o projeto de Pesquisa de Novas Receitas pode utilizar insumos orgânicos locais, contribuindo para o ODS 12, com o indicador 12.a – Apoiar países em desenvolvimento a fortalecer suas capacidades científicas e tecnológicas para mudar para padrões mais sustentáveis de produção e consumo. Esse exemplo demonstra que, mesmo não tendo esse indicador no BSCSus, a organização pode contribuir para ele, mensurá-lo no projeto e reportá-lo como um impacto positivo no seu relatório integrado. Todas essas atividades devem estar no cronograma do projeto.

Para saber mais...

CRONOGRAMA

Atividades que representam como o projeto vai desenvolver as entregas, apresentadas na linha do tempo.

	TAREFA	d1	d2	d3	d4	d5	d6	d7	d8	d9	d10	d11
1	CP1											
2	CP2											
3	CP3											
4	CP4											
5	NC1											
6	NC2											

4. **Recursos** – Os recursos necessários para realizar as atividades do projeto podem ser humanos (contratados ou terceirizados), serviços, equipamentos e materiais/insumos. As práticas relacionadas a emprego, relações de trabalho, saúde e segurança, capacitação, diversidade e direitos humanos são desejadas e configuram indicadores de sustentabilidade (KSI) que podem demonstrar impacto social positivo da organização.

As práticas devem fazer parte do planejamento de recursos, refletindo nos papéis da matriz de responsabilidades, e devem contar com pessoas que tenham afinidade com sustentabilidade. Nas definições para seleção de pessoas e nos planos de desenvolvimento e avaliação de pessoas estará a oportunidade de utilizar o projeto para reafirmação da cultura em sustentabilidade. Políticas de seleção podem incluir conhecimento em sustentabilidade como pré-requisito. Atividades de treinamento e *coaching/mentoring* para *stakeholders* que desconhecem sustentabilidade devem ser estimuladas. Resultados decorrentes de KSI devem fazer parte de metas pessoais para equipes do projeto.

Quanto aos equipamentos e materiais/insumos, os 3 Rs da Sustentabilidade (Reduzir, Reutilizar e Reciclar) e os conceitos da economia circular devem ser exercitados na escolha dos itens necessários para execução das atividades. Em alguns casos, eles podem parecer mais caros no curto prazo, mas podem também reduzir os impactos gerados pela organização aumentando o seu capital ambiental, o que poderá ser facilmente constatado na análise do fluxo de caixa descontado do projeto.

5. **Custos** – O estudo de viabilidade do projeto deve demonstrar claramente qual o resultado do projeto a médio e longo prazo. O custo não deve ser

considerado isoladamente, mas, sim, o resultado financeiro do projeto ao longo do seu ciclo de vida e de seus produtos. Dependendo do período a ser considerado, o resultado pode se apresentar como negativo, mas um fluxo de caixa mais longo pode positivá-lo demonstrando lucro, em vez de prejuízo. Por isso é importante que tanto o custo como o resultado e o fluxo de caixa sejam incluídos nas decisões sobre a aprovação do projeto, na fase de planejamento do portfólio. O custo e o resultado financeiro esperado, aprovados na fase de estudo de viabilidade, devem ser gerenciados durante o ciclo de vida do projeto.

Mais uma vez, os *stakeholders* com conhecimento em alternativas sustentáveis podem fazer a diferença. Escolhas simples, muitas vezes sem custo algum ou com investimentos que se pagam facilmente ao longo do tempo, podem dar um caráter totalmente sustentável ao projeto.

Para saber mais...

ORÇAMENTO

Estimativa de custos diretos do projeto que inclui todas as entregas contidas na EAP, as atividades do cronograma e a reserva de contingência de riscos. Ele pode conter também os custos indiretos rateados.

Tanto na elaboração do orçamento como do plano de contas associado ao projeto, é interessante segregar os custos de sustentabilidade, de forma que fique fácil identificar os resultados financeiros associados aos pacotes de trabalho da EAP que geram impactos sociais, ambientais e/ou econômicos. Uma boa ideia é criar curva S de programação de custos e desembolsos relativos a atividades sustentáveis de forma que ela ajude no controle de custos sustentáveis, demonstrando claramente as informações relacionadas a custos planejados, reais, agregados e benefícios atingidos pelo projeto, ou seja, se os resultados esperados estão sendo alcançados. Essas informações possibilitarão ações preventivas e corretivas para ajuste de rota, quando necessário.

6. **Qualidade** – O objetivo de gerenciar a qualidade em um projeto é buscar um grau de excelência, “tangibilizado” em indicadores (KPI e KSI), que

atendam aos requisitos definidos e acordados com os *stakeholders*. Se a organização é madura em sustentabilidade, muitos KPIs e KSIs são definidos no BSCSus (seção 6.1 Revisão de planejamento estratégico) e no planejamento do portfólio sustentável (seção 6.4 Revisão dos portfólios de programas e projetos). Indicadores mais específicos podem ser desenvolvidos durante o planejamento do projeto já autorizado. Mas é muito importante que as atividades de garantia e de controle de qualidade inseridas no cronograma contemplem o ciclo de vida de todo o projeto, garantindo a análise de todo o seu fluxo de caixa. Como exemplo, aumentar a vida útil do produto ou serviço produzido pode levar a aumento de venda e estender o tempo necessário para serviços de manutenções ou substituições, podendo aumentar o retorno financeiro do projeto, garantindo a sua sustentabilidade econômica e viabilidade de execução. Mas isso só será visto se o ciclo de vida do projeto considerar os ganhos financeiros de todo o período em que houver redução de custos com manutenção ou substituições.

7. **Riscos** - Gerenciar riscos de um projeto significa minimizar os efeitos negativos e maximizar os positivos das incertezas parcialmente conhecidas, além de administrar as desconhecidas quando elas acontecerem. Se tendências emergentes sustentáveis foram alternativas escolhidas para concepção e condução do projeto, devem ser tratadas como oportunidades novas de realização que contêm um nível de risco embutido. O conhecimento de um risco é decorrente da sua repetição e do seu registro. Pelo fato de o assunto sustentabilidade ser estudado há pouco tempo, alguns dos seus riscos ainda são pouco conhecidos. Há

pouco histórico, estatísticas e comportamentos comprovados a respeito de aspectos sociais e ambientais e categorias de riscos relacionadas a eles não são comuns em projetos. Assim, é importante conhecê-las, exercitar o seu gerenciamento para que seja construído um referencial de lições aprendidas, que possam ser replicadas em outros projetos. Para começar é importante identificar riscos tanto econômicos como sociais e ambientais e definir respostas específicas para eles, analisando seus efeitos ao longo de todo o ciclo de vida do projeto, na organização e na comunidade em geral. As respostas aos riscos serão ações que devem ser incluídas na EAP, no cronograma, no orçamento, etc. para que possam ser acompanhadas, controladas e alteradas, sempre que necessário. E quando o projeto terminar, um novo conteúdo relacionado a riscos de sustentabilidade estará documentado e poderá ser utilizado em novos projetos.

8. **Contratações** – Gerenciar contratações, ou aquisições, contempla planejá-las, selecionar fornecedores e administrar o contrato para provimento de produtos ou serviços que serão recursos do projeto. Não adianta uma organização ter a preocupação com a sustentabilidade do seu projeto se o fornecedor que está participando dele não pensar do mesmo jeito. É lógico que cada fornecedor tem o seu tempo para aumentar sua maturidade em sustentabilidade, mas quem contrata tem a oportunidade de estimular essa mudança, promovendo uma corrente de práticas sustentáveis em toda a cadeia de valor. No planejamento das contratações, as exigências referentes à responsabilidade socioambiental, além da econômica, dos fornecedores devem estar claras (políticas

referentes à igualdade de oportunidades, discriminação, trabalho escravo e infantil, tratamento de resíduos, consumo de água, uso de energia, etc.). Conforme citado no item 4, dar preferência a equipamentos, materiais e insumos que sejam reutilizáveis ou recicláveis é desejado, estimulando a economia circular. Deve-se também priorizar a seleção de fornecedores conforme sua localização geográfica, optando por maior proximidade com os locais de entrega dos produtos ou execução dos serviços, a fim de minimizar custos com transporte, logística, etc. e evitando aumentar a pegada de carbono do projeto. Esses quesitos devem fazer parte do plano de contratações. Cláusulas relativas a suborno, corrupção, comportamento anticompetição, etc. devem constar dos contratos, assim como os indicadores de sustentabilidade (KSI) que serão exigidos do fornecedor.

Monitorar e controlar os contratos assegurará a conformidade em relação aos temas sustentáveis estabelecidos e fornecerá resultados transparentes e rastreáveis para os KSIs do projeto sustentável.

9. **Comunicações** – No gerenciamento das comunicações, área de conhecimento muitas vezes desprezada, o planejamento é essencial para comunicar somente o que é necessário para quem precisa da informação. Parece óbvio, mas muito tempo e dinheiro são gastos com relatórios desnecessários, cheios de informações inúteis, sendo enviados para muitas pessoas que não vão usá-los para nada e, pior, muitas vezes impressos. Experimente mensurar seus custos com elaboração, impressão, envio, leitura e descarte! As reuniões mal planejadas são outra fonte de desperdício! Salas de reunião, energia elétrica, água, café, tempo das

Atenção:

Precisar de insumos orgânicos pode ser uma oportunidade para que a Rede de Restaurantes ABC contribua para o desenvolvimento da cadeia de valor de produtores de orgânicos.

pessoas, além de elaboração, envio e leitura de pautas e atas, que geram custos exorbitantes que, se não mensurados, oneram o projeto, mas não são visíveis e não geram resultados.

Evitar comunicações desnecessárias, substituir viagens por videoconferências, utilizar comunicação digital, ser transparente com a sociedade e *stakeholders*, implantar setor de ouvidoria para reclamações, etc. são atitudes que estimulam a sustentabilidade gerando impactos socioambientais positivos que podem ser relatados como resultados.

10. **Integração** – O gerenciamento de integração é fundamental para garantir que:

- todas as fases do ciclo de vida de um projeto sustentável, desde a ideia até a operação assistida, desde a análise de viabilidade até os relatórios integrados, irão contemplar os mesmos aspectos indicadores de sustentabilidade (KSIs);
- todos os *stakeholders*, especialistas em sustentabilidade ou não, influenciarão, juntos, nas melhores alternativas sustentáveis escolhidas para o projeto sustentável;
- os indicadores de sustentabilidade (KSIs) estarão presentes, mesmo que em todas as áreas de conhecimento do projeto.

Para organizar as informações relativas a cada área de conhecimento, propomos a utilização do *canvas* apresentado a seguir, que poderá ser preenchido de forma colaborativa com sua equipe. A sequência de preenchimento está indicada pela numeração nas células.

Figura 31 - *Canvas* para gestão sustentável de projetos

Realizar um bom plano de gerenciamento para um projeto sustentável maximiza as possibilidades de sucesso, mas não o garante. Nas fases de execução e controle, que ocorrem em paralelo, o plano é executado e os indicadores (KPIs e KSIs) mensurados. Resultados dos indicadores, assim como o status, informação de comparação entre o que foi planejado e o que foi efetivamente realizado, tendências, etc. são acompanhados para que se possam tomar ações preventivas e corretivas para que os objetivos do projeto sustentável possam efetivamente ser alcançados. Lições aprendidas são coletadas, discutidas e registradas para que possam ser repetidas ou evitadas, maximizando efeitos positivos e reduzindo negativos.

No encerramento de fases ou do projeto sustentável, os contratos, garantindo as entregas providas pelos fornecedores e o escopo desenvolvido pela organização executora, são finalizados. É importante que todas as informações relevantes sejam consolidadas, para que possam ser divulgadas em um relatório de encerramento e, também, para construir uma base de dados, que será muito valiosa para novos projetos sustentáveis.

Anexo 3 – Programa Educação Sustentável

Transformação sustentável

Ouve-se recorrentemente que as mudanças ocorrem cada vez com maior amplitude e frequência, o que nos leva a um mundo em que as "novidades" não têm tempo de se estabilizar. No ambiente escolar, essas ocorrências se tornam extremamente críticas. Crianças e jovens trazem a mudança para um grupo de professores, coordenadores e diretores de escolas que cresceram em uma realidade muitíssimo diferente.

Quando a mudança ocorria de forma mais lenta as escolas se transformavam devagar, incorporando, por exemplo, novas linhas pedagógicas. Mas, ainda assim, algumas variáveis permaneciam estáveis, como o espaço físico, por exemplo.

Hoje muitos educadores já não sabem o que fazer. Identificam novas competências necessárias para seus alunos sobreviverem no futuro, ouvem dizer que o momento é disruptivo e que a última moda é ter um espaço *maker*. Mas será que isso é coerente com a linha da escola? Ela é clara? Todos os *stakeholders* estão cientes dela e agem coerentemente com ela?

A escola precisa de uma cultura organizacional forte e flexível. Forte porque precisa alinhar todos os *stakeholders* com sua linha pedagógica e ser coerente com ela nas ações definidas em seu planejamento estratégico. Flexível *porque* deve estar conectada com a evolução do mundo, das pessoas e da tecnologia, além de prover respostas a essa transformação.

Outro ponto que surge quando o tema educação emerge é referente à escola estar pronta para uma gestão inovadora, com participação maior de todos os envolvidos. Uma escola que forma cidadãos.

Considerando essas questões, percebe-se que diversas escolas precisam passar por uma reflexão e um redesenho: uma transformação cultural para serem mais sustentáveis e perenes, isto é, passar por um projeto de mudança cultural.

Propõe-se, então, um modelo de Gestão Estratégica de Sustentabilidade para as escolas a ser implementado como o programa Educação Sustentável.

Problema

Como já amplamente explorado no Capítulo 2 – Sustentabilidade, nosso planeta sofre constante degradação decorrente das consequências de diversos impactos socioambientais negativos que tornam o futuro incerto para toda a humanidade. Em 2016, na COP21, o Brasil e mais 196 países se comprometeram com metas para sua recuperação.

Apesar de ser um acordo governamental, toda a sociedade brasileira precisa contribuir para o seu atingimento. A escola é um ator fundamental nesse processo, pois prepara seus alunos para que atuem como agentes de mudança, além de influenciar famílias, funcionários, fornecedores, etc.

A geração Y, atualmente entrando no comando do mundo público e privado, não foi preparada para lidar com esse cenário de crescente escassez e tem dificuldades para contribuir com as metas para 2030. Logo, é preciso educar os futuros gestores para o novo mercado de trabalho focado em Gestão Estratégica de Sustentabilidade.

Escolas

As escolas brasileiras, preocupadas com a necessidade de uma proposta de organização adequada para os adolescentes dos anos finais do Ensino Fundamental e que corresponda à complexidade do século XXI, têm que assumir posturas criativas e inovadoras. Elas devem proporcionar não só a excelência acadêmica dos jovens como, também, oferecer um conjunto de ações sob a forma de práticas, vivências e metodologias que auxiliem na elevação dos indicadores de aprendizagem em todas as suas dimensões. Além disso, têm papel importante no apoio aos projetos de vida dos jovens e na sua educação para os valores democráticos.

Um novo modelo de escola, que inova na matriz curricular, no modelo pedagógico e no modelo de gestão, incorpora técnicas de planejamento, execução, monitoramento e avaliação de seus processos, proporcionando um círculo virtuoso da gestão escolar.

Programa Educação Sustentável

Em consonância com a atualidade, o intuito do programa Educação Sustentável é colaborar com as escolas ajudando-as a preparar cidadãos para um mundo real e sustentável, assim como trazer benefícios tangíveis para a própria organização, como, por exemplo, redução de custos (energia, água, resíduos, etc.), melhoria de resultados, pioneirismo, inovação, além de atratividade para parceiros e investidores.

Ou seja, provocar a transformação sustentável a partir da educação dos jovens e da implantação da gestão estratégica de sustentabilidade para a escola.

Aliando esforços dos corpos docente e discente, a escola fará com que as novas gerações sejam mais bem preparadas para um mundo necessariamente sustentável, cujas competências consideradas essenciais para o futuro estão alinhadas com os 17 Objetivos de Desenvolvimento Sustentável (ODS), agenda mundial adotada pela ONU em 2015. Assim, ela contribuirá para o ODS4 – Educação de qualidade, entre outros.

A compreensão e a aplicação dos ODSs mais relevantes para a escola possibilitarão a escolha dos projetos ideais para geração dos melhores benefícios tangíveis. O programa propõe, ainda, a utilização de práticas que facilitarão a sua implantação, como, por exemplo, *design thinking* e gerenciamento ágil de projetos, além de contribuir para a formação de futuros profissionais mais preparados para as demandas do mercado de trabalho.

Entre outras habilidades, o programa Educação Sustentável proporcionará aos alunos conhecimentos que os ajudarão a, por exemplo, optar por estilos de vida sustentáveis, com foco na promoção de uma cultura de paz e não violência contra crianças, acabando com *bullying* (ODS16 – Paz, justiça e instituições fortes), direitos humanos (ODS 10 – Redução de desigualdades), igualdade de gênero (ODS5 – Igualdade de gênero), valorização da diversidade cultural (ODS4 – Educação de qualidade), cidadania global (ODS 17 – Parceiras em prol das metas), etc.

Assim, o programa propõe:

- rever conceitos de sustentabilidade com os facilitadores (diretores, coordenadores, professores, etc.). Eles irão adaptar os Planos de Curso para incluir temas materiais/relevantes (impactos sociais, ambientais e econômicos), tratando a sustentabilidade de forma transversal e multidisciplinar, na parte diversificada do plano político-pedagógico;

- ensinar como implantar sustentabilidade com *workshops* de *design thinking* e gerenciamento ágil de projetos para todos os *stakeholders* participantes (diretores, coordenadores, professores, alunos, funcionários, etc.);
- implantar sustentabilidade de acordo com os conhecimentos adquiridos nos passos anteriores:
    - selecionando ideias para projetos, com *stakeholders* importantes, a partir dos ODSs – Objetivos de Desenvolvimento Sustentável – materiais/relevantes;
    - desenvolvendo os projetos escolhidos e gerenciando-os, de forma ágil, com a participação de diretores, professores, coordenadores, funcionários, alunos, etc., durante o ano letivo;
    - demonstrando os resultados tangíveis, com indicadores mensuráveis em Relatórios Integrados, para público em geral, parceiros, investidores e outros interessados, de acordo com padrões internacionais.

Fatores críticos de sucesso

Para que o programa Educação Sustentável obtenha bons resultados é necessário que:

- seja personalizado de acordo com as necessidades e características de cada escola;
- faça parte da Proposta Político-Pedagógica da escola;

- a terminologia técnica adotada seja utilizada para proporcionar aos alunos maior facilidade de inserção no mercado de trabalho quando terminar o ensino fundamental;
- os *workshops* tenham a participação de todos os envolvidos no programa;
- cada turma tenha professores como facilitadores;
- cada turma gerencie seu(s) projeto(s);
- a escola reporte seus resultados.

Etapas

O ciclo de vida do programa Educação Sustentável contempla:

- **diagnóstico** – Identificação de expectativas e agentes influenciadores para definição de diretrizes para a transformação sustentável;
- **desenho da solução** – Definição de:
  - adequações necessárias nos Planos de Curso e de Aula das disciplinas envolvidas no programa;
  - impactos relevantes e materialidade da escola, baseados nos Objetivos de Desenvolvimento Sustentável – ODS;
  - planejamento estratégico, com indicadores e metas que serão medidos e alcançados pelos projetos;
- **capacitação** – *Workshops* para profissionais e alunos, proporcionando-lhes uma visão geral sobre:

    - *design thinking* (imersão, ideação e prototipação);
    - gerenciamento ágil de projetos (iniciação, planejamento, execução, monitoramento/controle e encerramento);
- **coleta de ideias** - Com base nos aspectos materiais para a escola no período letivo, em cada turma serão coletadas, avaliadas e selecionadas ideias para escolha do(s) projeto(s) a ser(em) desenvolvido(s), que poderão ser integrados ou não;
- **desenvolvimento de projetos** - Cada turma irá desenvolver o(s) seu(s) projeto(s), e os resultados associados aos indicadores e metas, determinados na fase de definição da solução, serão medidos e controlados;
- **gestão de conhecimento** - Consolidação final de todas as lições aprendidas positivas e negativas e elaboração de relatório de encerramento do programa;
- **resultados** - Apresentação dos resultados finais e operacionalização da transição do programa Educação Sustentável para sua incorporação na rotina da escola;
- comemoração final.

Conclusão

Seguindo todas as recomendações aqui apresentadas, a escola terá conseguido iniciar a sua Transformação Sustentável. Mas a jornada continua e é preciso ter plena consciência de que o processo de mudança cultural é contínuo. O modelo de Gestão Estratégica de Sustentabilidade implementado na escola, no primeiro ano, vai proporcionar a ela autonomia para continuar aplicando o programa Educação Sustentável até que a cultura de sustentabilidade seja tão forte que não precise mais de foco e esforços específicos.

Anexo 4
Glossário

Áreas de conhecimento do gerenciamento de um projeto – Organização didática das áreas que devem ser consideradas no gerenciamento desde a iniciação até o encerramento do projeto: escopo, tempo, custo, qualidade, risco, recursos, aquisições, comunicação, *stakeholders* e integração.

***Balanced scorecard* (BSC)** – Ferramenta de apoio a decisões estratégicas de uma organização, com base em indicadores quantificáveis e verificáveis, contemplando as dimensões: financeiros, clientes, processos internos e aprendizagem e crescimento.

***Balanced scorecard* sustentável (BSCSus)** – Ferramenta de apoio a decisões estratégicas de uma organização, com base em indicadores quantificáveis e verificáveis, contemplando as dimensões: financeiros, clientes, processos internos, aprendizagem e crescimento e sustentabilidade.

Coaching – Método em que o *coach* (profissional) apoia o *coachee* (cliente) a atingir suas metas. O trabalho é organizado em sessões semanais em que o *coach*, por meio de perguntas, conduz o *coachee* a refletir sobre sua meta e os diversos aspectos envolvidos.

Cynefin – Estrutura básica conceitual para processos de tomada de decisão, permitindo avaliar uma situação como simples, complicada, complexa ou caótica e desencadear ações diferenciadas.

Economia circular – Regenerativa e restaurativa, a economia circular tem como objetivo manter produtos, componentes e materiais em seu mais alto nível de utilidade e valor constantemente. Aprimora o capital natural, otimizando a produção de recursos, minimizando riscos sistêmicos, administrando estoques finitos e fluxos renováveis, em qualquer escala.

ESG –Termo utilizado para fazer referência em inglês a *environmental, social and governance*, que em português quer dizer "ambiental, social e de governança", que são os tipos de impacto que uma organização pode produzir.

Geração *baby boomers* – O termo *baby boomer* refere-se aos filhos do *baby boom*, crescimento de natalidade pós-Segunda Guerra Mundial, a partir de 1946 até 1964, aproximadamente. Essa geração vivenciou a invenção da televisão, a ida do homem à Lua, a revolução dos anos 60, o feminismo, o comportamento *hippie* e o *rock & roll*, protestos contra guerras e movimentos civis a favor dos negros e homossexuais. É uma geração muito contestadora e que lutou bastante por seus direitos. No Brasil, as pessoas dessa geração viveram sua juventude durante a ditadura militar. Têm ideal de construção de carreira sólida, sentido de dever e necessidade de segurança. Buscam a realização profissional e não somente retorno financeiro. Trabalham muito, mas querem ser recompensadas. Não gostam de informalidade e são boas mentoras. Têm dificuldade em lidar com perda de status e poder. Dão valor à sabedoria, ao comprometimento e ao reconhecimento.

Geração X – Geração pós-*baby boom*, nascida entre 1965 e 1980, quando as famílias começaram a ter menos filhos por casal, no período da Guerra Fria. Forjados na globalização, com pai e mãe trabalhando, viram o aumento de divórcios, mudanças das relações das mães com a sociedade e foram adolescentes com mais liberdade e pouco respeito às instituições. É uma geração com padrão de vida mais realista e consumista, sem perspectivas utópicas. No Brasil, nasceu no regime militar, mas vivenciou o seu fim, participando da campanha das "Diretas Já". As pessoas dessa geração têm descrença no governo, nas lideranças e falta de interesse na política. Têm alguma resistência à tecnologia, sem interesse na busca por desenvolver ou estar conectada com inovação. Quer ganhar mais, se apega a status (títulos e cargos) e gosta de exibir sucessos, mas troca isso tudo por opções com melhor qualidade de vida, como tempo livre e uso de roupas informais. Têm dificuldades com autoridade, são criativos e gostam de ser valorizados. Temem demissão ou perda de espaço para pessoas da geração Y. Valorizam competências quando assumem liderança. Quando liderados, preferem receber instruções específicas. Têm como valores: flexibilidade, opções de vida, satisfação no trabalho, amizades e prazer.

Geração Y ou *millennials* – É composta por todos aqueles que nasceram entre 1981 e 1992. É considerada também a geração jovem mais influente que já existiu. São críticos, devido à facilidade para se informar. Não aceitam respostas simples e óbvias para as questões. Especialistas em multitarefas, efêmeros, imediatistas e com comportamento alienado ou mesmo despreocupado em relação aos problemas sociais e ideológicos, só defendem causas ou marcas se se sentirem representados por elas. São inquietos, vivem em busca de novidades, nunca se acomodam. Com perfil multitarefa, odeiam burocracia, controle e atividades rotineiras. A maioria é voltada ao prazer. O trabalho é focado em realização pessoal e não mais em necessidade ou obrigação. Assim, priorizam experiências, têm acesso a muitas informações e não são facilmente convencidos por discursos e anúncios.

Geração Z – Nascidos de 1993 até os dias de hoje. Geração nascida junto com a internet e no auge da criação de aparelhos tecnológicos. É acostumada a inúmeras opções, em diversos meios, como televisão, internet, videogames, celulares e *players*. É uma geração nascida em período economicamente favorecido, em que o país começa a ser mundialmente respeitado. Ainda está começando a sua vida profissional e valoriza notoriedade e consumo.

Gestão do conhecimento – Esforço realizado pela organização para identificar, criar e desenvolver, preservar e registrar, compartilhar e aplicar o conhecimento de forma estratégica.

Green washing – Em inglês, *green* é verde, a cor do movimento ambientalista, e *washing* é o ato de lavar ou encobrir. Em português, "lavagem verde" indica a injustificada apropriação de benefícios ambientais por organizações ou pessoas. A partir da "maquiagem" de produtos e serviços para apresentar características ecoeficientes, ambientalmente corretas, provenientes de processos sustentáveis, etc., ações de marketing criam uma imagem positiva falsa para organizações e pessoas.

Inovação – Algo novo que traga benefícios que não existiam antes.

Intraempreendedores – Empreendedores internos de uma organização cuja missão é disseminar conceitos e realizar ações de inovação.

Marketing – Atividade, conjunto de instituições e processos para criar, comunicar, entregar e trocar ofertas que tenham valor para clientes, clientes, parceiros e a sociedade em geral. (AMA, s.d.)

Mentoring – Processo de compartilhamento de conhecimento em que o mentor é um profissional com vivências e experiências na mesma área de ação do mentorado. O foco são as atividades profissionais e o mentor normalmente é um líder na própria organização.

Mindset – Modelo mental de um indivíduo ou grupo.

Objetivo estratégico tradicional – O que deve ser alcançado e é crítico para o sucesso da organização. Deve ser medido, acompanhado e ter seu resultado alcançado a partir de um ou mais indicadores associados, com metas a serem atingidas e iniciativas que viabilizarão o alcance das metas.

Objetivo estratégico sustentável – É um objetivo estratégico associado à materialidade da organização e relacionado a uma estrutura de sustentabilidade. Da mesma forma que um objetivo estratégico tradicional, deve ter indicadores bem definidos, mas, neste caso, suas metas serão alcançadas a partir de iniciativas que garantam resultados sustentáveis.

OKR (*Objectives and Key Results*) – É o conjunto de objetivos inter-relacionados que, alcançados de forma individual ou coletiva, vão contribuir para os objetivos macro de uma organização, a partir de uma abordagem simples para criar alinhamento e engajamento em torno de metas mensuráveis. É um modelo de gestão ágil de desempenho com foco em resultados. Integra e engaja a equipe por meio da formulação de objetivos relacionados à missão, à visão e aos valores. Envolve o objetivo (o que desejo alcançar) e os resultados-chave (como posso mensurar). Os objetivos devem ser inspiradores. Pode ser usado em diversos níveis da organização, desde os objetivos estratégicos tradicionais e sustentáveis da organização até os objetivos dos indivíduos, passando pelos objetivos das equipes. Os OKRs normalmente são usados em ciclos anuais para o nível estratégico e trimestral ou mensal para o nível tático.

Organização – É uma unidade social que procura atingir objetivos específicos, sua razão de ser é servir a esses objetivos (ETZIONI, 1974, p. 13).

Portfólio – Conjunto de programas e projetos gerenciados para atingir objetivos estratégicos, tradicionais e sustentáveis. Os resultados do portfólio dependem exclusivamente dos resultados dos programas, projetos e operações que o compõem, que podem ser totalmente independentes ou não.

Programa – Tem como função realizar objetivos estratégicos, tradicionais e sustentáveis que não seriam alcançados se os seus componentes fossem gerenciados individualmente. Ele é formado por componentes relacionados que podem ser projetos, subprogramas e outras atividades como treinamentos, operações, manutenção, etc. gerenciados de forma coordenada. Sendo dependente dos resultados de seus componentes, um programa pode maximizar os benefícios resultantes de cada componente.

Projeto – Esforço temporário, com início e fim definidos, empreendido para criar um produto, serviço ou resultado exclusivo, tradicional e sustentável. Ele é elaborado progressivamente, realizado por pessoas, limitado por recursos específicos e deve ser planejado, executado e controlado de forma sustentável.

Proposta de valor – Conceito estratégico que define o valor trocado entre quem gera valor e quem o percebe. A proposta de valor corporativa representa um portfólio sustentável de ofertas de valor. Está relacionada à orientação organizacional para a alocação de recursos, diferenciação de mercado. É considerado um conceito estratégico.

***Sharing economy* ou economia de compartilhamento** – Atividade *peer-to-peer* (de pessoa física a pessoa física) de aquisição, fornecimento ou compartilhamento de acesso a bens ou serviços facilitados por uma plataforma *on-line*.

Stakeholder – Todo aquele que pode influenciar ou ser influenciado, em um processo ou projeto, direta ou indiretamente, positiva ou negativamente. Podem ser clientes, acionistas, investidores, sócios, colaboradores, terceiros, fornecedores, reguladores, comunidades, etc.

VUCA - Expressão usada para caracterizar os dias de hoje em que se está passando por uma mudança de era e precisa-se lidar com as características de *volatility* (volatilidade), *uncertainty* (incerteza), *complexity* (complexidade) e *ambiguity* (ambiguidade).

Referências Bibliográficas

ALMEIDA, N. O. **Gerenciamento de Portfólio.** Rio de Janeiro: Brasport, 2011.

ALMEIDA, N. O.; NETO, R. O. **Gestão Profissional de Portfólio de Projetos:** maturidade e indicadores. Rio de Janeiro: Brasport, 2015.

AMA. About AMA. **American Marketing Association**, s.d. Disponível em: <https://www.ama.org/AboutAMA/Pages/Definition-of-Marketing.aspx>. Acesso em: 25 out. 2018.

ARANGO, F. The need to build organizational capacity for integrated thinking and reporting. **Integrated Reporting (IR)**, 02 mar. 2017. Disponível em: <http://integratedreporting.org/news/the-need-to-build-organizational-capacity-for-integrated-thinking-and-reporting/>. Acesso em: 04 out. 2018.

BARBOSA, C. **Aspectos "não tão técnicos" da tomada de decisão na seleção de portfólio de uma organização.** 2008. Disponível em: <http://www.byconn.com.br/teoria-das-decisoes/>. Acesso em: 26 out. 2018.

BARBOSA, C. et al. **Gerenciamento de Custos em Projetos.** 5.ed. Rio de Janeiro: FGV, 2014.

BARBOSA, C. **Fatores subjetivos que afetam efetividade de GPs.** 10 de set. 2013. Tese de Doutorado em Administração. Universidad Nacional de Rosario, Facultad de Ciencias Económicas y Estadística, 2013. Disponível em:

<http://www.byconn.com.br/fatores-determinantes-da-subjetividade-humana-que-afetam-efetividade-de-gerentes-de-projetos/>. Acesso em: 26 out. 2018.

BASGAL, D. O.; SILVÉRIO, M. V. **Gerenciamento Sustentável de Projetos:** metodologia de aplicação. (s.d.) Disponível em: <https://pmisp.org.br/document-repository/artigos-e-news/172-2016-05-gerenciamento-sustentavel-de-projetos-metodologia-de-aplicacao/file>. Acesso em: 04 out. 2018.

BAUMAN, Z. **La Globalización:** consequencias humanas. San Pablo: Fondo de Cultura Económica, 1999.

BAUMAN, Z. **Modernidade Líquida.** Rio de Janeiro: Zahar, 2001.

BAUMAN, Z. **O Mal-Estar da Pós-Modernidade.** Rio de Janeiro: Zahar, 1998.

BECK, K. et al. **Manifesto para Desenvolvimento Ágil de Software.** 2001. Disponível em: <http://agilemanifesto.org/iso/ptbr/manifesto.html>. Acesso em: 04 out. 2018.

BERNARDO, K. Manifesto ágil, como tudo começou. **Cultura Ágil**, 08 dez. 2014. Disponível em: <https://www.culturaagil.com.br/manifesto-agil-como-tudo-comecou/>. Acesso em: 04 out. 2018.

BM&F BOVESPA. *Índice de Sustentabilidade Empresarial (ISE)*. Disponível em: <http://www.bmfbovespa.com.br/pt_br/produtos/indices/indices-de-sustentabilidade/indice-de-sustentabilidade-empresarial-ise.htm>. Acesso em: 04 out. 2018.

CANAL BRASIL. O Ministro Joaquim Barbosa comenta sua objetividade nas palavras e como a usa no direito. Vídeo. **Programa Espelho**, 06 fev. 2017. Disponível em: <http://canalbrasil.globo.com/programas/espelho/videos/2510737.htm>. Acesso em: 26 out. 2018.

CASTRO, F. **O que é OKR.** Disponível em: <https://felipecastro.com/pt-br/okr/o-que-e-okr/>. Acesso em: 04 out. 2018.

CLARK, T. **O Modelo de Negócios Pessoal:** Business Model You. Rio de Janeiro: Alta Books, 2013.

DICIONÁRIO DO AURÉLIO. Site. Disponível em: <http://www.dicionariodoaurelio.com/>. Acesso em: 05 out. 2018.

EGGER, D. **Geração de Valor Futuro:** conectando a estratégia, inovação e o futuro. Rio de Janeiro: Elsevier, 2015.

ELLEN MACARTHUR FOUNDATION. **Economia Circular.** 2017. Disponível em: <https://www.ellenmacarthurfoundation.org/pt/economia-circular-1/conceito>. Acesso em: 04 out. 2018.

EQUIPE INNOVARE. Geração Y: quem são e o que querem os millennials? **Innovare Pesquisa**, 18 mar. 2016. Disponível em: <http://www.innovarepesquisa.com.br/blog/geracao-y-quem-sao-e-o-que-querem-os-millennials/>. Acesso em: 05 out. 2018.

ETZIONI, A. **Organizações Modernas.** São Paulo: Livraria Pioneira, 1974.

FEBRABAN. **Transparência de informações relacionadas às mudanças climáticas:** recomendações do Financial Stability Board. Café com Sustentabilidade, Federação Brasileira de Bancos, ago. 2017, ano 10, ed. 52. Disponível em: <https://cafecomsustentabilidade.febraban.org.br/edicoes/edicao-52/>. Acesso em: 04 out. 2018.

FGV EAESP. **Guia para Implementação do ROI de Sustentabilidade.** FGVces [Centro de Estudos de Sustentabilidade], fev. 2018. Disponível em:

<http://mediadrawer.gvces.com.br/publicacoes-2/original/guia_roi2018_fgv_giz_emm_dupla.pdf>. Acesso em: 25 out. 2018.

FRANCO, L. **Marketing Sustentável.** São Paulo: Pearson Education, 2016.

GARCÍA, H.; MIRALLES, F. **Ikigai:** os segredos dos japoneses para uma vida longa e feliz. Rio de Janeiro: Intrínseca, 2016.

GARCÍA-BENAU, M. A.; RIVERA-ARRUBLA, Y. A.; ZORIO-GRIMA, A. The integrated reporting concept as an innovation in corporate reporting. **Journal of Innovation & Knowledge**, vol. 1, n. 3, Sep.-Dec. 2016, p. 144-155. Disponível em: <http://www.sciencedirect.com/science/article/pii/S2444569X16000184>. Acesso em: 04 out. 2018.

GAREIS, R. Changes of organizations by projects. **International Journal of Project Management**, vol. 28, n. 4, May 2010, p. 314-327.

GLOBAL REPORTING INITIATIVE [GRI]. Site. Disponível em: <https://www.globalreporting.org/Pages/default.aspx>. Acesso em: 05 out. 2018.

GOEDKNEGT, D. Sustainability in Project Management: A Case Study at University of Applied Sciences Utrecht. **PM World Journal**, vol. 1, n. 4, nov. 2012.

GONÇALVES, V.; CAMPOS, C. **HCMBOK – o fator humano na liderança de projetos.** 3.ed. Rio de Janeiro: Brasport, 2016.

GRANT, A. **Dar e receber.** Rio de Janeiro: Sextante, 2012.

GREEN BUILDING COUNCIL BRASIL [GBCB]. **Certificação LEED.** Disponível em: <http://gbcbrasil.org.br/sobre-certificado.php>. Acesso em: 05 out. 2018.

GVCES; GIZ; EMM. **Retorno Econômico de Projetos de Sustentabilidade:** redefinindo o valor dos investimentos de multinacionais no Brasil. Centro de Estudos em Sustentabilidade; Deutsche Gesellschaft für Internationale Zusammenarbeit GmbH; Emerging Market Multinationals Network for Sustainability, ago. 2016. Disponível em: <http://mediadrawer.gvces.com.br/publicacoes/original/giz_emm_roi_sustentabilidade.pdf>. Acesso em: 04 out. 2018.

HOPE, A. J.; MOEHLER, R. Balancing Projects with Society and the Environment: A Project, Programme and Portfolio Approach. **27th IPMA World Congress**, Dubrovnik, Croatia, 2013. Disponível em <https://ac.els-cdn.com/S1877042814021326/1-s2.0-S1877042814021326-main.pdf?_tid=spdf-46edee72-feb8-4db6-b902-8395f2e9b88f&acdnat=1519747973_795a821ceb93d5b9e32aa1acff50ea63>. Acesso em: 05 out. 2018.

IBGC. Governança Corporativa – Princípios Básicos. **Instituto Brasileiro de Governança Corporativa**, s.d. Disponível em: <http://www.ibgc.org.br/inter.php?id=18163>. Acesso em: 05 out. 2018.

IBM. **KRIs e valores de KRI.** IBM Knowledge Center, s.d. Disponível em: <https://www.ibm.com/support/knowledgecenter/pt-br/SSFUEU_7.2.0/com.ibm.swg.ba.cognos.op_app_help.7.2.0.doc/c_about_kri_val.html>. Acesso em: 05 out. 2018.

INTEGRATED REPORTING [IR]. Site. Disponível em: <https://integratedreporting.org/>. Acesso em: 05 out. 2018.

JEFFREY, D. **The Age of Sustainable Development.** Nova York: Columbia University Press, 2015.

JOIA, L. et al. **Gerenciamento de Riscos em Projetos.** 3.ed. Rio de Janeiro: FGV, 2014.

KAPLAN, D. P.; NORTON, R. S. **Alinhamento:** utilizando o Balanced Scorecard para sinergias corporativas. 4.ed. Rio de Janeiro: Elsevier, 2006.

KAPLAN, D. P.; NORTON, R. S. **Mapas Estratégicos:** Balanced Scorecard 7.ed. Rio de Janeiro: Elsevier, 2004.

KOTTER, J. **Acelere:** tenha agilidade estratégica em um mundo em constante transformação. São Paulo: HSM, 2015.

KOTTER, J. **Liderando a mudança.** Rio de Janeiro: Elsevier, 2013.

KOTTER, J.; COHEN, D. **O coração da mudança.** Rio de Janeiro: Elsevier, 2013.

LEWICKI, R. **MBA compacto:** estratégias de negociação e fechamento. Rio de Janeiro: Campus, 2003.

LOPES, S. **Métodos ágeis para arquitetos e profissionais criativos.** Rio de Janeiro: Brasport, 2015.

MICHAELIS. **Valor.** Dicionário. Disponível em: <http://michaelis.uol.com.br/moderno-portugues/busca/portugues-brasileiro/valor/>. Acesso em: 25 out. 2018.

NALEBUFF, B. J.; BRANDENBURGER, A. M. **Co-opetição.** Rio de Janeiro: Rocco, 1996.

ONUBR. 17 objetivos para salvar o mundo. **Nações Unidas no Brasil**, s.d. Disponível em: <https://nacoesunidas.org/pos2015/>. Acesso em: 05 out. 2018.

ONUBR. Transformando Nosso Mundo: A Agenda 2030 para o Desenvolvimento Sustentável. **Nações Unidas no Brasil**, 13 out. 2015. Disponível em: <https://nacoesunidas.org/pos2015/agenda2030/>. Acesso em: 05 out. 2018.

OSTERWALDER, A. et al. **Value Proposition Design:** como construir propostas de valor inovadoras. São Paulo: HSM Brasil, 2014.

PETRELLA, R. **Los límites a la competitividad:** cómo se debe gestionar la aldea global. Buenos Aires: Sudamericana, 1996.

PINK, D. **Saber vender é da natureza humana.** São Paulo: Leya, 2013.

PMI. **Agile Practice Guide.** Newtown Square: Project Management Institute, 2017.

PMI. **Governance of portfolios, programs and projects:** a practice guide. Newtown Square: Project Management Institute, 2016.

PMI. **OPM3 – Project Management Maturity Model.** 2.ed. Newtown Square: Project Management Institute, 2012.

PMI. **PMBOK® Guide:** guia de conjunto de conhecimento em gerenciamento de projetos. 6.ed. Newtown Square: Project Management Institute, 2016.

PMI. **PMI Online Credential Registry.** Disponível em <http://certification.pmi.org/registry.aspx>. Acesso em: 05 out. 2018.

PMI. **Project Manager Competency Development Framework.** Newtown Square: Project Management Institute, 2007.

PMI. **Pulse of the Profession.** Disponível em: <https://www.pmi.org/learning/thought-leadership/pulse>. Acesso em: 05 out. 2018.

PMI. **The standard for portfolio management.** Newtown Square: Project Management Institute, 2017.

PMI. **The standard for program management.** Newtown Square: Project Management Institute, 2017.

RAD, P. F.; LEVIN, G. **Metrics for Project Management:** formalized approaches. Vienna: Management Concepts, 2006.

REBECOSAM. **Corporate Sustainability Assessment.** Disponível em: <http://www.robecosam.com/images/sample-questionnaire-diversified-consumer-services.pdf>. Acesso em: 05 out. 2018.

ROBECOSAM. **The Corporate Sustainability Assessment at a glance.** 2017. Disponível em: <http://www.robecosam.com/en/sustainability-insights/about-sustainability/corporate-sustainability-assessment/index.jsp>. Acesso em: 26 out. 2018.

ROECKER, J. T. PMI's career framework: the case for a project management career path. **PMI Global Congress 2005 – EMEA**, Edinburgh, Scotland. Newtown Square: Project Management Institute, 2005.

ROGERS, E. **Diffusion of innovation.** New York: Free Press, 2003.

SABBAGH, R. **Scrum:** gestão ágil para projetos de sucesso. São Paulo: Casa do Código, s.d.

SANTOS, M. **Gestão de metas:** como implementar a metodologia OKR. Sebrae Nacional, 05 fev. 2018. Disponível em: <http://www.sebrae.com.br/sites/PortalSebrae/artigos/gestao-de-metas-como-implementar-a-metodologia-okr,a67875d380a9e410VgnVCM1000003b74010aRCRD>. Acesso em: 25 out. 2018.

SCHARMER, C. O. **Teoría U:** liderar desde el futuro a medida que emerge. Barcelona: Elefttheria, 2017.

SENADO FEDERAL. **Projeto de Lei na Câmara nº 122, de 2006 – (criminaliza a homofobia).** 2006. Disponível em: <https://www25.senado.leg.br/web/atividade/materias/-/materia/79604>. Acesso em: 26 out. 2018.

SILVA, M. D. O. P. da; CALLADO, A. A. C. Balanced Scorecard Sustentável. **XVIII Congresso Brasileiro de Custos**, Rio de Janeiro, 07-09 nov. 2011. Disponível em: <https://anaiscbc.emnuvens.com.br/anais/article/viewFile/449/449>. Acesso em: 05 out. 2018.

SILVEIRA, A. M. **Governança Corporativa:** o essencial para líderes. Rio de Janeiro: Elsevier, 2014

SILVIUS, A. J. G.; SCHIPPER, R. A Maturity Model for Integrating Sustainability in Projects and Project Management. **24th World Congress IPMA**, Istanbul, 2010. Disponível em: <https://www.researchgate.net/publication/267228611_A_Maturity_Model_for_Integrating_Sustainability_in_Projects_and_Project_Management>. Acesso em: 25 out. 2018.

SILVIUS, G. et al. **Sustainability in Project Management.** (Advances in Project Management). London: Gower Publishing, 2012.

SOARES, K. **A transição na gestão de mudança:** o que preciso mudar em mim para que o outro mude? São Paulo: Barany, 2013

UNEP FI. **About United Nations Environment Programme – Finance Initiative.** Disponível em: <http://www.unepfi.org/about/>. Acesso em: 05 out. 2018.

UNEP. **The Emissions Gap Report 2017:** A UN Environment Synthesis Report. Nairobi: United Nations Environment Programme, nov. 2017. Disponível em: <https://wedocs.unep.org/bitstream/handle/20.500.11822/22070/EGR_2017.pdf>. Acesso em: 05 out. 2018.

UNITED NATIONS. **SDG Indicators:** global indicator framework for the Sustainable Development Goals and targets of the 2030 Agenda for Sustainable Development. **Sustainable Development Goals**, s.d. Disponível em:

<https://unstats.un.org/sdgs/indicators/indicators-list/>. Acesso em: 05 out. 2018.

VERGARA, S. **Projetos e relatórios de pesquisa em administração.** 8.ed. São Paulo: Atlas, 2007.

WORLD BANK. **Population, female.** 2017 Revision. Disponível em: <https://data.worldbank.org/indicator/SP.POP.TOTL.FE.IN>. Acesso em: 05 out. 2018.